李翔生 編著

色彩心理學：

用色彩打造你的專屬魅力

K C

M Y

永續圖書線上購物網
www.foreverbooks.com.tw

讀品文化事業有限公司
yungjiuh@ms45.hinet.net

Power 系列 57

色彩心理學：用色彩打造你的專屬魅力

編　　著	李翔生
出 版 者	讀品文化事業有限公司
責任編輯	林秀如
封面設計	林鈺恆
美術編輯	王國卿

總 經 銷　永續圖書有限公司
　　　　　TEL ／(02)86473663
　　　　　FAX ／(02)86473660
劃撥帳號　18669219
地　　址　22103 新北市汐止區大同路三段 194 號 9 樓之 1
　　　　　TEL ／(02)86473663
　　　　　FAX ／(02)86473660
出 版 日　2019 年 12 月

法律顧問　方圓法律事務所　涂成樞律師
CVS 代理　美璟文化有限公司
　　　　　TEL ／(02)27239968
　　　　　FAX ／(02)27239668

國家圖書館出版品預行編目資料

色彩心理學：用色彩打造你的專屬魅力／
李翔生編著. --初版. --新北市 ： 讀品文化，
民 108.12　面；公分. --（Power 系列：57）
　　ISBN　978-986-453-110-3（平裝）
　1. 色彩心理學
176.231　　　　　　　　　　　　　108017233

「色彩力」是天賦神力嗎？

　　生活離不開色彩。服裝上的色彩是裝扮自己的重要武器；化妝的時候，色彩更是打造完美形象的好幫手；商場中的商品也是依靠五顏六色的包裝來吸引大眾的目光；更為奇妙的是，很多企業在塑造形象的時候也需要色彩來助陣；室內裝修離開了色彩更是不可想像……

　　這真是一個色彩大行其道的時代。在這樣的時代，只有真正掌握色彩的本質和精髓，並能夠在這個基礎上正確運用色彩，我們才能在這個五彩繽紛的色彩時代站穩腳跟。而人類這種認識色彩和正確使用色彩的能力，就是「色彩力」。

　　色彩是視覺傳達資訊時的重要因素，可以為生活環境增添美感。另外，色彩還能夠表達情感，如果運用得當，色彩可以有效緩解身體疲勞和心理壓力。正是由於色彩具有這種神奇的功能，所以也有些專家把色彩力稱為「健康力」。

　　生活中有一些人可以非常靈活地使用色彩，他們選擇的

色彩可以充分體現自己的個性和風格，與他們自身的氣質相得益彰。每當看到這樣的人，我們的心裡通常會產生一種羨慕感，想著如果自己也能夠這麼善於利用色彩就好了，還有些人則會抱怨上帝不公平，沒有賦予自己天生的「色彩力」，認為自己一輩子都要成為色彩的門外漢了。

　　不得不承認，生活中的確有人對色彩有著天生的敏感性，可以非常輕鬆地發現和搭配出屬於自己的色彩。不過，即使是最天才的設計師也有為色彩發愁的時候，所以我們完全沒有必要對自己的色彩力水準喪失信心。

　　這裡有一個好消息要告訴大家！色彩的使用和搭配是有規律可循的，也就是說，色彩力是可以透過努力學習來提高的。只要掌握了關於色彩使用的理論，經過一段時間的鍛鍊，每個人都可以對使用顏色充滿自信。更讓人興奮的消息是，色彩理論並不像有些基礎科學理論那樣艱澀難懂，相反，由於與生活密不可分，色彩理論常常是充滿趣味的。如果沒有獲得上帝賦予的天生色彩神力，那麼就透過學習去獲得它吧！總有一天，我們能夠擁有與那些色彩天才一樣的「天賦神力」。

　　掌握色彩理論之後，大家就可以在這個基礎上更自如地使用色彩來改變自己、影響他人，這些應用就已經屬於色彩心理學的範疇了，因此色彩心理學與色彩力是密不可分的。色彩力水準越高，利用色彩讓自己更完美的技巧就會越嫻熟，人生也會在色彩的幫助下變得更順利。

2. 色彩檢測，找到你的專屬色彩

3. 女性化妝中的色彩密碼

4. 以色識人——奇妙的色彩讀心術

5. 以色養人，享受健康生活

6. 無處不在的色彩心理學

C K

Part

1

感受不可思議的
色彩魔力

M Y

▌色彩的冷暖源於何處

　　在酷熱難耐的夏季，空調是降溫解暑的好幫手。如今，幾乎每個家庭都配有空調，不過這些空調的外觀差不多都是白色的，很少見到其他顏色的空調。那麼空調生產廠家為什麼不把空調的顏色變得豐富多彩一些呢，比如說生產一些喜慶的紅色空調？

　　其實，無論空調的外觀是什麼顏色，吹出的都是一樣的冷風。但如果它的外觀被設計成紅色，即使這台空調正在拼命地向外吹冷風，人們也會感覺它吹出的是溫暖的風。看到白顏色的空調時，人們會感覺這種顏色的空調吹出來的風似乎也要更涼爽一些。曾經有廠商獨闢蹊徑地開發了紅色空調，但是消費者並不買帳，最終不了了之。那麼，是顏色改變了風的溫度嗎？當然不是。因為可見光的溫度並沒有很大區別。

　　既然顏色本身的溫度差別不大，那麼色彩的冷暖究竟源自何處呢？實際上，色彩的冷暖來自人的內心。生活的經歷會告訴大家哪些東西能夠帶來溫暖，哪些東西寒氣逼人，當看到與這些東西外表相似的顏色時，大腦會把這種顏色與以前的經歷自動聯繫起來，此時我們就會覺得顏色有了冷暖之分。

　　比如，看到紅、橙、黃色的時候，大腦會把它們與火焰、太陽等的顏色聯繫在一起，此時我們心中就會形成一股暖流，進而覺得這些顏色也是溫暖的；當藍色、白色、黑色呈現在眼前時，大腦則會把這些顏色與藍天、冰雪、暗夜聯繫在一起，此時人們就會覺得這些顏色是寒冷的。

　　按照內心對色彩的不同感受，顏色可以分為兩大類——冷色和暖色。那些可以讓人聯想到寒冷事物的顏色被稱為「冷色」，比如藍色、棕色、黑色等；而那些可以讓人聯想到溫暖事物的顏色就是「暖色」，比如紅色、橙色、粉色等。還有一些顏色界於冷色和暖色之間，比如黃綠色、紫紅色等，人們把這些顏色稱為「中性色」，這些中性色通常不會表現出十分明顯的冷暖感覺。

　　不過，屬於同一色系的顏色由於深淺不同也能給人帶來不一樣的感受。檸檬黃和橙黃色同屬於暖色系，但是帶些綠色的檸檬黃就顯得比橙黃色冷一些。大紅與朱紅放在一起的時候，大紅色看起來更冷一些，但是當它與玫瑰紅色擺在一起時，大紅色看起來要比玫瑰紅色暖一些。從這層

意義上來說，冷色或者暖色是透過比較而存在的。

暖色和冷色來自於人的內心感覺，但是這種感覺並不會因為人的好惡而改變。這句話的意思是，不管你有多麼討厭紅色，看到紅色之後你同樣會覺得體溫上升；不管你對藍色有著多麼狂熱的感情，見到它之後你的體溫依然會降低，動作也會變得遲緩。

對色彩產生冷暖感覺有一個前提，就是這個人的成長經歷告訴了他什麼顏色的事物是暖的，什麼顏色的事物是冷的。在熱帶島嶼上，藍色的海水都是熱的，所以這裡的人根本就不知道寒冷為何物，所以冷色在這裡根本就起不到任何作用；而在冰天雪地中長大的人，看到冷色系的顏色時會感覺到更冷。

那麼什麼地方的人對冷暖色最為敏感呢？答案是生活在溫帶的人。溫帶地區四季分明，生活在這樣環境中的人早就學會了根據季節變化調整室內顏色以及服飾顏色來幫助自己戰勝寒冷或酷暑。

雖然這裡很多人並不知道「冷色」或者「暖色」究竟是怎麼回事，但是跟著感覺走的他們最終變成了使用「冷色」與「暖色」的高手。

色彩的冷暖來自內心感受

　　幾種可見光之間的實際溫度差別並不大，色彩帶來的冷暖感覺來自內心活動和生活經歷。比如紅、橙、黃色能讓人聯想到太陽和火焰，藍、白、黑色則讓我們想到藍天、冰雪等，而這些具體的事物可以帶來溫暖和寒冷的感覺，時間長了，人們自然就會覺得某種顏色是暖的，而另外一種顏色是冷的。

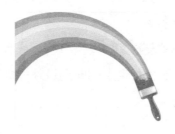

夏天穿黑衣服為什麼易中暑

　　色彩中的冷色和暖色是從心理上影響人對溫度的感覺，但事實上，有些顏色真的可以改變溫度的高低，這就是色彩中的反射色和吸收色。

　　在各類顏色中，有些顏色是只反射光線而不吸收熱量的，這樣物體的實際溫度就會變低，這類顏色被稱為「反射色」。

　　還有些顏色不僅反射光線，同時還吸收熱量，這樣物體的實際溫度就會變得比較高，這類顏色就是「吸收色」。白色、粉色等比較淺淡的顏色屬於反射色，而黑色、棕色等比較濃重的顏色則屬於吸收色。

　　在所有的顏色當中，黑色是最善於吸收熱量的顏色，接下來是棕色、茶色等其他比較濃重的顏色，吸收熱量能力最弱則非白色莫屬了。紅、藍、綠這三種顏色界於反射色

和吸收色之間，雖然吸熱比率稍有不同，但是三者之間非常接近。

雖然這可能是大家第一次接觸「反射色」和「吸收色」這兩個概念，但是其中包含的智慧可是已經流傳了千百年了。生活在古代的人，就已經發現了在炎炎夏日穿那些顏色淺淡明快的衣服比較涼爽，而深色的衣服則會很熱這樣的道理。

隨著穿衣風格的多樣化，也經常有人在夏天穿上一身黑色的衣服，這種顏色的衣服帶來的酷酷的感覺很受追求個性的年輕人追捧。但是，黑色是最善於吸收熱量的，夏天天氣本來就炎熱，穿上黑色的衣服後很容易讓體溫升高，引發中暑。如果真的要穿黑色衣服逛街，最好打上遮陽傘，或者合理搭配身上的顏色，降低黑色比例。

依照反射色和吸收色的原理，冬天的時候，人們則往往會選擇顏色比較深的衣服。這是因為冬天陽光不強烈，此時深色衣服可以有效的利用太陽的溫度。

也許有人會反駁：「冬天的時候明明有人穿著淺色衣服逛街啊？」其實這是因為這些淺色衣服在厚度上達到了保暖功能。如果是在同等厚度的條件下，還是深色的衣服比較暖和。

身為亞洲人，我們的頭髮顏色幾乎都是黑色的，夏天的時候，黑色頭髮可能會吸收很多熱量導致頭部溫度過高，這樣很容易導致頭暈甚至中暑，而且溫度過高也可能會傷

及頭皮，所以夏天出門的時，最好戴上一頂帽子，當然，千萬不要選擇黑色的帽子！

除了穿衣打扮，反射色和吸收色在其他方面也有廣泛的應用。如果仔細觀察身邊的家用電器，我們可以發現大多數家用電器，尤其是功率比較大的電器外觀都是白色的，除了前面提到過的白色能使人產生比較清涼的感覺之外，這樣的設計也與光的反射與吸收有關。白色或者其他淺色反射率比較高，這樣電器表面溫度就不會很高，也就節省了給電器降溫而耗費的電能。

反射色和吸收色

反射光線而不吸收熱量的顏色被稱為「反射色」，反射色可以使物體的實際溫度變得比較低。反射能力最強的顏色是白色。

吸收光線的同時還吸收熱量，使物體的實際溫度變得比較高，這樣的色彩被稱為「吸收色」，吸收熱量能力最強的是黑色。

色彩中的胖子和瘦子

　　在紙板上用紅色和黑色的水彩筆劃下大小相同的兩個色塊，然後把這張紙板拿給其他人，請他判斷這兩個色塊是不是一樣大，結果一定會讓我們大吃一驚。幾乎每個人都會認為紅色的色塊大一些，到底這是怎麼一回事呢？

　　這是因為色彩也有胖瘦之分。有些顏色能夠讓物品看起來比實際尺寸大，這些就是色彩中的「胖子」，它們有個學名叫做「膨脹色」，像紅、橙、黃這樣的暖色，基本上都是「膨脹色」；而藍、綠、黑等冷色系顏色可以讓物品的尺寸看起來比較小，這樣的顏色是色彩中的「瘦子」，也叫「收縮色」。

　　在色彩世界中，由於深淺不同，色彩膨脹和收縮的程度也不一樣。即使是同一種色彩也會因此產生不同的視覺印象。

　　以紅色系為例，雖然大紅色和粉紅色都可以把物體放

大,但是同樣大小的物體相比,粉紅色的體積看起來要比大紅色的大。而同為收縮色的天藍色和深藍色,深藍色具有更好的收縮效果。白色具有最好的膨脹效果,而黑色所具有的收縮效果則是各種顏色中最好的。

　　如今的人們都在追求完美的身材,尤其是女性。其實,只要巧妙利用色彩的膨脹和收縮特性,很快就可以讓自己的身材變得更加完美。

　　如果腿比較粗,不妨試試黑色的絲襪或者緊身褲。網路購物的時候,我們常常會看到穿上黑色絲襪之後的效果對比圖,雖然網路上的圖片常常會有誇張的成分,但是黑色讓腿瞬間「瘦」一圈是有可能的,這就是收縮色的神奇魔法。

　　雖然黑色具有最好的收縮效果,但是依然要提醒大家,黑色也是一種能夠給人帶來壓力的顏色,它會讓別人覺得你不好親近,所以在使用黑色來「收縮」身材時,一定要注意黑色的使用面積。使用面積越大,黑色帶給別人的印象就越發沉悶,這種黑色所產生的負面效果一定要儘量避免。

　　利用黑色收縮身材時,不妨以黑色為主要元素,搭配明快的色彩來增強對比效果,這樣既能展現纖瘦身材,也可以讓自己顯得活潑,充滿活力。當然,利用背包和配飾的顏色來展現自己熱情的一面也是很好的方法。

　　除了黑色,嘗試一下其他的收縮色也是不錯的選擇,雖然收縮效果遜於黑色,但是也讓我們擁有了更多的色彩選擇權。當然,過於瘦弱的人也可以利用膨脹色來讓自己的

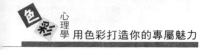
身型顯得魁梧強壯一些，需要提醒的同樣是要注意色彩的使用面積。

收縮色和膨脹色還經常用於室內裝修。房間面積不大時，合理利用膨脹色和收縮色可以使房間顯得寬敞。比如選擇傢俱的時候就可以選擇收縮色，這樣可以讓人感覺剩餘的空間比較大。

圍棋的設計也巧妙地借用了色彩的膨脹和收縮特性。圍棋中的白子和黑子看起來是一樣大的，但事實上並非如此。黑子的直徑要比白子大0.3毫米，厚度也多0.6毫米。為什麼要把兩種棋子設計成不一樣的尺寸呢？這是因為當二者是同樣大小的時候，由於膨脹和收縮的效應，選手會誤認為白子占的面積更大，這會對執黑棋的選手造成壓力。最後，人們加大了黑子的尺寸來避免這個問題。

膨脹和收縮是色彩非常重要的性質，人們利用它可以打造出完美的身材，視覺上更寬敞的空間，還可以「改變」事物的大小……其實，只要多動腦筋，色彩的膨脹和吸收還可以用在很多地方。

以後遇到需要改變空間或者形狀的問題時，不妨考慮一下色彩的膨脹和收縮性質來完成自己的目標。

膨脹色與收縮色

　　像紅色、橙色這樣的暖色系顏色，可以使物體看起來比實際大，這種顏色是「膨脹色」；而類似藍色的冷色系顏色，可以讓物體看起來比實際小，這樣的顏色就是「收縮色」。當色彩屬於同一色相時，明度也是決定色彩膨脹與收縮的重要因素。

▎色彩距離打造完美臉型

　　逛街的時候，即使肯德基和麥當勞在離自己比較遠的地方，行人也能輕而易舉地看到它們的招牌。這並不是因為人們時時刻刻都在關注著這兩家速食店，而是因為商家使用了一個色彩小把戲，讓大家能夠在遠處看到它們。這個小把戲就是色彩的前進與後退。

　　如果盯著某種顏色看一段時間，我們常常會產生距離錯覺，感到某些顏色向上凸起，離眼睛很近；有些顏色則向下凹陷，好像距離變得比較遠。其中向上凸起的顏色被稱為「前進色」，主要包括紅色、橙色和黃色等暖色；向下凹陷的顏色被稱為「後退色」，主要包括藍色和紫色等冷色。前進色與後退色的搭配可以產生距離感，巧妙搭配之後還可以加強立體感。

　　前進色和後退色是如何加強立體感的呢？關於這個問

題，最有發言權的竟然是彩妝師。雜誌封面上的「麻豆」永遠光鮮亮麗，臉部輪廓鮮明，充滿立體感，除了「麻豆」自身條件之外，彩妝師也功不可沒。他們用自己的化妝刷化腐朽為神奇，利用彩妝來放大人的優點，掩蓋缺點。

那麼怎麼做才能打造出充滿立體感的臉部妝容呢？彩妝師最常使用的小技巧就是前進色和後退色相結合，這樣就可以讓臉部前後分明，加強臉部的立體感。

粉底除了要能夠遮蓋臉部的瑕疵，更重要的是為突出臉部的前進色和後退色打下基礎。其實，打底妝的時候就可以塑造出立體的臉型。

化妝師建議在顴骨部位打上比底色亮一度的粉底，相對來說，這亮一度的粉底就是前進色，顴骨就會因此而突出，臉就會立體起來。化眼妝的時候，最好用後退色來做眼影，在鼻梁處打上前進色，這樣眼睛就會看起來更深邃，而鼻梁則更高。

為了讓「麻豆」的臉看上去更生動立體，彩妝師有時候還會在「麻豆」的鬢角處打上陰影。層次分明的前進色和後退色就像一雙神奇的手，重塑了「麻豆」的臉部，讓他們看起來更加完美。

除了化妝時要用到前進色和後退色，這兩種顏色也廣泛應用於其他領域。看板、標語、交通標誌等大多使用紅、橙、黃這樣的前進色，讓人能夠從很遠的地方就可以看到。裝修的時候也可能會用到後退色來讓房間看起來更加寬敞。

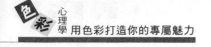
其實，在需要塑造空間感和層次感的時候都可以考慮色彩的前進性和後退性是否能夠派上用場。

前進色與後退色

處在同一平面上的顏色，有的顏色使人感覺凸出，有的顏色給人退後的感覺。使人感覺凸出的顏色被稱為「前進色」，讓人感覺後退的顏色被稱為「後退色」。

一般情況下，暖色如紅色和黃色有前進感；冷色如青、綠有後退感。淺色底上的小塊深色感覺向後，深色底上的小塊淺色感覺向前。

「重量級顏色」和 「羽量級顏色」

在拳擊比賽中,評論員常常會提到「重量級」和「羽量級」這樣的說法。其實,色彩家族也有「重量級選手」和「羽量級選手」!

顏色當然並沒有重量,那麼「重量級顏色」和「羽量級顏色」是如何區分的呢?如果在我們面前擺放同樣重量同樣形狀的兩個箱子,顏色是它們唯一的區別。其中一個是白色,另一個是黑色。這種情況下,我們會覺得黑色的箱子更重。也就是說,在這個例子中,白色是羽量級選手,黑色是重量級選手。

與顏色的冷暖一樣,顏色的輕重同樣也是來自生活經驗。生活經驗告訴人們,煙霧、白雲、棉花等白色、淡青色等淺色的物體是重量比較輕的;而黑色、深藍色、赭石

色等深色物體是沉重的，比如鋼鐵、岩石等。生活經驗把色彩與事物的重量聯繫在一起後就形成了色彩的輕重性。

　　一般來說，顏色越深看起來越重，比如，黑色看起來就比紅色重；同屬於羽量級的顏色，深色也比淺色要重。比如，大紅色物體要比粉紅色物體看起來重一些。黑色是看起來最重的顏色，白色則是看起來最輕的顏色。

　　那麼不同的顏色給人的重量感覺相差多少呢？曾有科學家對此進行了研究。科學家選取了最重的黑色和最輕的白色來進行實驗。結果顯示，同樣重量的黑色箱子與白色箱子，黑色箱子看上去要比白色箱子重1.8倍。

　　上面的研究解釋了為什麼保險箱經常使用黑色。保險箱的內部設計十分精巧，盜賊通常無法輕易破壞這種構造；另外，為了讓保險箱更「保險」，它本身的重量也很可觀，盜賊很難移動它的位置。

　　不過，保險箱的重量不能無限增加，為了讓它看起來更重，人們又為它加了一把「色彩鎖」。黑色能夠讓保險箱看起來更重，可以讓覬覦保險箱的人產生無法挪動的錯覺，這些人也許會因為搬運困難而放棄的念頭。

　　保險箱需要沉重感，但是快遞行業則需要讓箱子看起來輕一些。目前快遞行業中最常見的箱子顏色是自然的淺褐色。淺褐色屬於羽量級顏色，可以達到減輕心理重量的效果。

　　不過白色是看起來最輕的顏色，目前已經有快遞公司把自己公司的包裝箱統一成了白色，這不僅在無形之中「減

輕」了箱子的重量，而且有利於塑造公司乾淨整潔的品牌形象。

　　色彩與重量的關係在服裝搭配和室內裝修中也得到了廣泛應用。在服裝搭配中，下半身的衣服常常是深顏色的，上半身顏色通常較下半身淺，這樣可以避免整個人看上去頭重腳輕。

　　在室內裝修的時候，房屋的天花板顏色通常比較明亮，而地板顏色一般比較深。整體來說就是整個房間的顏色從上到下依次加深，這樣可以製造出一種穩定感，有利於人們產生安全感。

色彩的輕重感

　　色彩不同，物體的輕重看上去也不同，這種與實際重量不相符的視覺效果，被稱為「色彩的輕重感」。感覺輕的色彩稱為「輕感色」，如白色、淺黃色等；感覺重的色彩稱「重感色」，如黑色、土黃色等。

　　色彩的輕重感主要取決於明度上對比，明度高的感覺輕，明度低的感覺重。

色彩的「喜怒哀樂」

　　色彩本身雖然沒有情感，但是它能夠透過影響心理讓我們產生感情上的變化，當我們把某種感情與色彩本能地聯繫在一起之後，我們會感覺色彩彷彿也有了靈性，也能夠產生喜、怒、哀、樂等感情。

　　一般來說，亮色象徵著興奮積極的心情；暗色則代表心情抑鬱。在中國，舉辦婚禮時候的主色調是紅色，因為紅色自古以來就是象徵著喜慶的顏色。心情感到愉悅的時候，人們也會偏愛這種顏色。這是因為紅色象徵著生命、活力、熱情、歡樂和健康，是一種十分醒目的顏色，能夠在視覺上引起迫近感和擴張感，代表著積極向上的心態。

　　因為紅色能夠對人的情緒產生強烈的刺激，所以憤怒有時候也可以用紅色來表示。我國有很多語言都是用紅色來表示暴怒的，比如急赤白臉、面紅耳赤等等。另外，青色、

藍色、黑色等也可以表示憤怒，比如臉都氣綠了，臉色鐵青等等。人們生氣時候的種種表現以及這些詞語的流傳，讓人們看到這些顏色的時候很容易想到生氣的面孔。

中國表示悲哀的顏色通常是黑、白、灰三種，它們屬於「無彩色」，對人的情緒影響不大。但是由於多年來，中國的喪葬儀式都是以這幾種顏色為主色，所以慢慢地，人們就開始選擇這幾種顏色來表示自己悲哀的心情。

用來表示歡樂的顏色則有很多，一般明亮的顏色都能夠表示歡樂的情緒。其中橙色和黃色是最能帶來歡樂的顏色。

橙色總是給人帶來積極向上的感覺。內向的人若經常接近橙色的話，也會變得性格開朗，而且能夠很快地融入新的團體中。經常穿著橙色的話也會讓別人感覺好接近，是一個從內而外散發快樂的人。在陰鬱甚至悲哀的環境中，橙色能夠達到活躍氣氛的作用。黃色則是象徵著光明和活力的代名詞。經常接觸黃色，我們的性格會變得開朗樂觀，願意為別人帶來歡樂。而旁人看到這樣的顏色，也會從內心感到愉悅。

當然，上面所提到的色彩帶來的「喜怒哀樂」只是最常見的一種情況。其實，每種顏色究竟象徵著什麼與每個人的生活經歷有關係，有時候也與社會習俗和風俗習慣有關。這些需要讀者自己去發現和總結。

色彩的感情傾向

　　由於社會習俗和風俗習慣的影響，不同的色彩帶有不同的感情傾向，彷彿它們也是具有「喜怒哀樂」的人一樣。當然，某種色彩代表什麼樣的感情，也與個人的成長經歷和閱歷有關。

　　在中國，一般是紅色代表「喜」；黑色、藍色等代表「怒」；黑、白、灰三色代表「哀」；橙色和黃色代表「樂」。

擾亂時間的色彩搗蛋鬼

色彩擁有不可思議的魔力，能夠讓人產生種種錯覺。使人的時間感發生混亂也是色彩眾多的魔力之一。

有兩個公司，其中一個公司的辦公環境以藍色為主，另外一個公司的辦公環境以紅色為主。在藍色環境中工作的人非常沉靜，總是能夠冷靜地處理問題，下班的時候經常有員工感歎：「哇，時間過得真快，又下班了！」

而生活在紅色環境中的員工，做事雷厲風行，充滿幹勁，但是每天總會覺得時間過得很慢，感覺每天都要在公司待上好久才能熬到下班。而事實上這兩個公司都是非常正規的企業，實行八小時工作制。這兩個公司的員工之所以產生不同的感覺，完全是因為環境中主色調的影響。

曾經有人就色彩與時間的關係做過實驗。實驗組織者請來了兩位志願者，讓其中一位走進了一間牆壁是粉紅色、

地毯是深紅色的房間，讓另外一個人走進了牆壁和地毯都是藍色的房間。組織者沒有給他們任何計時工具，只是告訴他們：「等到你覺得已經過了一個小時的時候就可以出來了！」結果在紅色房間中的人40多分鐘就出來了；而藍色房間的人則待了70多分鐘。

組織者後來又選擇了不同的人做了相同的實驗，結果無一例外，都是藍色房間的人出來得比較晚。這充分說明了色彩能夠混淆人的時間感。

利用這一點，在約會的時候，情侶就可以選擇一些以藍色為主調的餐廳，這樣他們就可以有更多的時間進行交流，而色彩很鮮艷的場合則不適合情侶談心。

另外，以藍色為主基調的海洋公園或者海底世界等地點也是很好的約會地點。

生活中，顏色混淆時間感的情況無處不在，但有時候人們卻很難發現這一點。以燈光照明所產生的細微顏色差異為例。螢光燈與白熾燈是最常見的兩種室內光源，人們常常覺得這兩種燈的作用只是有著照明作用，隨便選擇一個就好了。事實上，這兩種光源還會對人的心理產生影響。螢光燈產生的光是青白色的，讓人感覺時間過得快；白熾燈的燈光是柔和的黃色，會讓人感覺時間比較漫長。

工作的時候最好選擇螢光燈，因為柔和的黃光會讓人感覺時間漫長，進而產生膩煩心理；而在家享受生活時，不妨試試溫柔的白熾燈，這樣的燈光會讓我們感覺居家的悠

閒時光很長，能大大提高內心的滿足感和幸福感。

顏色混淆時間感

色彩能夠讓人的時間感產生混亂。如果周圍的環境以紅色為主，身處其中的人會感覺時間過得慢，人長期待在這樣的環境中容易暴躁；當周圍的環境是以藍色為主的時候，身處其中的人會感覺時間過得比較快，心情也會變得輕鬆。

色彩，助眠師還是興奮劑

在現代裝修中，臥室裝修幾乎都採用淡色，很少會使用濃墨重彩的顏色。市場上銷售的寢具，如被子、床墊等也都是以淡色為主，為什麼大家這樣偏愛淡色呢？這是因為色彩與睡眠有著非常密切的關係。

在眾多色彩當中，藍色具有最好的催眠效果。它可以降低血壓，消除身體上的疲勞感和緊張感，達到安神靜心的作用。經常失眠或睡眠品質不好的人可以多接觸些藍色，當然也可以把臥室的裝修設計成以藍色為主。

不過，藍色是一種冷色，「藍色滿屋」可打造不出「浪漫滿屋」的感覺，倒是腦海中很容易出現冰天雪地的畫面。為了避免內心的寒冷感覺，使用藍色為主色時最好搭配溫暖的米色。

除了藍色之外，綠色也是一種能夠催人入眠的顏色。但

是藍色和綠色催人助眠的方式不同，藍色主要是能有消除身體疲勞的作用，而綠色則是透過消除心理上壓力，讓人卸下心理防備，心情愉快地進入夢鄉。為了獲得更好的睡眠，床上寢具的顏色最好也要以淡色為主，淡藍色、米色同樣是最好的選擇等。

另外，床單、被罩的圖案也要以簡潔為主，儘量避免複雜的圖案，實際上純色是最好的選擇，因為複雜的圖案會刺激神經，使大腦興奮起來。對於一個想要進入夢鄉的人來說，興奮的大腦可不是什麼好事。

暖色多數屬於讓人興奮的顏色，但是如果顏色非常淺淡的話，暖色同樣可以達到助眠的作用。螢光燈是一種明亮的光源，發出的光接近日光，這使很多人都喜歡用螢光燈作為室內光源。不過，從睡眠角度講，白熾燈發出的光就是一種淡淡的暖色，這樣的暖色非常適合睡眠。

人的自然睡眠是由一種叫做「褪黑激素」的荷爾蒙控制的，它還具有改善人體機能、提高免疫力和抵抗力的作用。這種荷爾蒙主要是在夜間分泌，而青白色的燈光能夠抑制它的分泌，進而影響睡眠。

如果一定要選擇螢光燈作室內光源，最好在外面加一層能改變燈光顏色的燈罩。當然，若是書房，則最好選擇不容易引起困倦的螢光燈。

不過，如果你不得不在夜晚挑燈夜讀或者熬夜加班，這時候最好選擇明亮的顏色來裝飾房間。紅色就是一個不錯

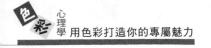

的選擇，假如生活在紅色環境中，你可能一直保持清醒狀態。因為紅色可以使血壓升高，增強人的緊張感，可以讓人保持清醒。

色彩的催眠作用

　　色彩深淺對睡眠有很大影響。淺藍、淺綠、淺粉和淺黃是最有利於睡眠的顏色，這幾種顏色可以營造出一種夢幻的感覺，促使人們入睡。

　　不過最淺的白色卻不是最佳的助眠顏色，因為白色比較耀眼，能夠刺激大腦，很容易引起失眠。研究顯示，淺藍色對睡眠的促進效果最明顯，然後依次是淺綠色、淺紫色和粉紅色。另外，帶些灰色調的色彩也有利於睡眠。

燈光下的色彩會變魔術

在專櫃看上一件衣服，顏色亮麗、款式新穎，歡天喜地買回家之後大吃一驚：「啊！這種顏色不是我想要的那種顏色啊！」

拿著衣服去專櫃退貨的時候，又驚奇地發現這件衣服變回了自己喜歡的顏色。這種經歷相信每個人都不陌生，這些顏色究竟經歷了什麼？它們怎麼自己改變了顏色呢？其實，並不是物體的顏色發生了改變，而是照射物體的光源發生了變化。光源不同，光源下的顏色也會產生變化，這個光源與色彩的小魔術就是「演色性」。

色彩是物體反射光源形成的，被反射的光刺激了人的眼睛，信號傳遞到大腦，最終形成色彩感覺。由於光源不同，大腦最終形成的色彩感覺也是不同的，光源色對物體色彩的影響就是色彩的演色性。

以白紙為例，我們在陽光下看到它是白色，如果把它放在白熾燈下，這張紙就會泛著淡淡的黃光；如果放在紫光燈下，白紙看起來就像淡紫色。這張白紙的真正顏色並沒有改變，但是由於光源的變化，它呈現出不同的狀態，這種色彩變化就是光源的演色性。太陽光是演色性最好的等比例全色光源，因此在應用中我們以太陽光下看到的顏色為基準，能夠更好地還原色彩的光源，我們就說它的演色性越好。

目前應用最廣的光源有白熾燈、螢光燈和彩色燈三種。白熾燈發出的是橙黃色的暖色光。紅色在這種燈光下會變成偏黃的紅色；綠色服裝在白熾燈下變成比較暗淡的黃綠色；而橙色則會因燈光的照射而變得更加鮮艷。

螢光燈發出的是青白色燈光，偏冷、偏藍。紅、橙色在這種燈光下一般不會發生太大變化，但是都會變得比較暗淡，變成偏冷的顏色。彩色燈的光源色變化很多，對顏色的影響很大。

由於這些燈具有良好的裝飾效果，又常見於商場中，所以我們會感到從商場中買回來的衣服顏色與在那裡看到的不一樣。

除了光源顏色，不同的光強度、照射角度也會對顏色產生影響，因此在挑選衣服的時候，如果條件允許最好拿到太陽光底下觀察一下，否則很容易買到不合心意的衣服。

看到這裡，很多人可能會覺得演色性這個性質完全是用

來給人添麻煩的，如果能消除就好了。其實，演色性的作用比我們想像的要大得多。不同的光源與色彩結合之後具有很強的表現力，可以烘托氛圍，製造層次感，這是百貨公司和娛樂場所製造氣氛時必不可少的武器。

退一步來講，雖然演色性會讓服裝產生色差，但是如果能夠很好地利用演色性，把同一件衣服穿出不同的風格和效果，這豈不是美事一樁？

色彩的「演色性」

色彩是物體反射光源形成的，被反射的光信號傳遞到大腦中最終形成色彩感覺。在不同的光源下，大腦所形成的色彩感覺是不同的。

光源色對物體色彩的影響就是色彩的演色性。太陽光是演色性最好的等比例光源，所以我們把陽光下的顏色定為標準。某種光源能夠更好地還原物體在陽光下的色彩，我們就說這種光源的演色性好。

為什麼記憶記不清色彩

　　對於古詩或者簡短的句子，也許過去幾十年我們依然能夠清楚而精確地背誦出來，但是我們的大腦對記憶顏色卻很不在行。

　　有時候去逛街看上了一件衣服，如果沒有當場買下，等到過兩天再看到這件衣服的時候，我們會驚奇地發現：「這件衣服的顏色怎麼沒有前幾天好看了呢？好像顏色改變了一些。」

　　其實並不是衣服的顏色發生了變化，而是我們對顏色的記憶出現了問題。我們的大腦常常有誇大顏色特徵的傾向，鮮艷的顏色在我們的記憶中會變得更加鮮艷，而淺淡的顏色則變得更加淺淡。

　　那麼，我們為什麼能夠記下看起來比顏色更加複雜的語言或文字，卻記不清顏色呢？事實上，顏色並不像看上去

那麼簡單。

顏色是由三種要素組成的——色相、明度和彩度。只有同時記住這三個要素的數值，我們才能完美地重現色彩。但在現實生活中，只有經過長時間訓練的人才能夠在看到某種顏色的一瞬間把這種色彩準確地拆分，並估算出這三種要素的數值。

而普通人通常是給這種顏色起個名字，比如「丁香紫」、「桃紅」等等，我們之所以這樣記憶，是為了把原來的三個參數簡化為一個參數。忽略任何一項參數，我們都很難準確地重現某種顏色，更何況是把三個參數都進行了簡化，因此只根據顏色的名稱再現顏色是很不現實的。

如果想要準確地再現色彩，我們需要練習的技巧就是在看到某種顏色的時候把它分解為三要素來進行記憶。這樣不僅便於記憶，而且還方便日後準確重現顏色。

不過，要練就看到顏色就能把其中的三要素數位化的本領，必須要經過一段時間的訓練。只要有意識地進行這方面的訓練，任何人都能夠做到利用三要素準確重現色彩。

色彩與記憶

　　雖然大腦對色彩的記憶時常有偏差，但是色彩卻可以有效地提高記憶力。那麼色彩是如何提高記憶力水準的呢？

　　首先色彩為記憶資訊增添了特徵。比如當我們記憶物品的時候，色彩就成為辨認和記憶的主要線索。其次鮮明的色彩可以讓記憶更牢固。這是因為鮮艷的色彩解析度很高，而有些淺淡的顏色很難區分。另外，色彩還可以透過影響心理而影響記憶。科學研究顯示，暖色調有助於提高人們的記憶力水準。

面積不同，顏色大變樣

　　在色彩構成中，面積的大小會對顏色的效果產生影響。室內裝修行業中，售後服務人員經常會接到各式各樣的投訴，其中比較多的是客戶認為裝修中使用的顏色與自己最初選擇的顏色不一致。

　　關於顏色的糾紛，在西裝定製以及窗簾、壁紙等商品的選擇中也會發生類似的糾紛。出現這種糾紛的原因就是色彩的面積大小對視覺效果產生了影響，因為在選擇顏色的時候，客戶通常是根據很小的色卡來選定顏色的，但是成品卻要比色卡大很多。即使是同一種顏色，面積增大之後，原本明亮的顏色會變得更加明亮，而暗淡的顏色會變得更加暗淡。所以當顧客透過色卡選定顏色時候，最好把這一點告知顧客，以減少日後的糾紛。

　　另外，當色彩的面積改變時，底色上的圖案或者花紋效

果也會發生變化。當把一小塊帶有白色小圓點裝飾的紅布放在我們面前的時候，大腦會自動記錄這塊花布的細節，包括底色和裝飾性圓點的顏色。但是當這塊布放大到衣服或者窗簾那樣大的面積時，大腦就會忽略一些細節，只從整體上進行把握。

比如前面提到的那塊帶有白色圓點的紅布，大腦只會記住這是一塊粉紅色的布，因為粉紅色是紅色和白色的混合色；如果是帶有白色圓點的藍布，大腦會認為這是一塊淡藍色的布。也就是說，大腦不喜歡記住一個又一個關於顏色的細節，只喜歡從整體上把握。從這個角度來看，大腦還當真是個懶傢伙！

色彩面積除了影響視覺效果，還會影響我們的心理活動。比如，當黑色只有1cm²時，內心會有清晰乾淨的感覺；但是當黑色的面積擴大到1m²的時候，內心會產生一種莊嚴、肅穆的感覺；當黑色的面積進一步擴大到100m²的時候，我們就會被消極的心態包圍，甚至會產生一種陰森恐怖的感覺。

同樣道理，如果我們只面對一小塊鮮艷的紅色，內心的感覺可能是鮮艷可愛，1m²的紅色會讓我們充滿激情和鬥志，但是面對100m²的紅色時，大腦會因為受到過量的刺激而產生疲勞感，進而引起心情煩躁。

當兩種或者多種不同的顏色搭配時，各種顏色的面積變化也會形成不同的心理效果。以紅色和綠色搭配為例。面

積很小的紅色塊和綠色塊如果間隔著搭配在一起，這樣的搭配在一定的距離之外看起來就像是金黃色，會營造出一種雍容華貴的感覺；而大面積的紅色和綠色並列放在一起不僅會產生強大的視覺衝擊力，同時也能產生震撼人心的效果。

通常面積變大之後，色彩所產生的效果會被誇大；如果是兩種面積比較小的色彩以組成條紋或格子的方式出現，那麼它們會讓大腦產生兩種顏色融合之後的色彩感覺。想要取得預期的色彩效果，我們必須要充分考慮面積對色彩的影響以及色彩的面積所引起的心理變化，防止出現最終的色彩效果與預期差之千里的情況出現。

面積與色彩效果

顏色的面積增大之後，效果也會發生很大的變化，面積變大會產生誇大的效果。明亮的會變得更加明亮，暗淡的會更加暗淡。其中，明亮感增強的效果更加突出。

另外，看到兩種顏色組成的花紋時，我們的眼睛會無意識地把花紋或圖案簡單化。比如一塊紅白相間的布，我們往往會認為它是粉色的。總之，大腦不願意記憶細節，只喜歡從整體上進行把握。

色彩萬花筒：顏色越深，營養越多？

　　色彩不僅能對心理產生很多意想不到的影響，還能體現出食物有多少營養，色彩的營養魔力是如何顯現的呢？

　　近來坊間一直流傳著「顏色越深，營養越多」的說法，這種方法是不是正確呢？根據現代營養學家的研究，顏色深的食物，其維生素、胡蘿蔔素、無機鹽和微量元素的含量的確更多一些。

　　據此，營養價值的高低可以根據顏色的深淺來排列：綠色蔬菜、紅色蔬菜、黃色蔬菜、白色蔬菜。綠色蔬菜含有豐富的維生素、胡蘿蔔素等人體必需的營養物質，紅色和黃色蔬菜略遜於綠色蔬菜；而白色的蔬菜主要包括蓮藕、竹筍、馬鈴薯等，主要成分是澱粉和糖分，所以營養價值比其他的蔬菜要低。

　　蔬菜的顏色與營養價值的關係還反映在同類的蔬菜中。深綠色的白菜的營養價值要比淺黃色的白色高，而紫色洋蔥的營養價值高於白色洋蔥。

　　同樣的規律也出現在水果中，紫葡萄的營養價值高於淺綠色葡萄，黃桃高於白桃，紅櫻桃高於黃櫻桃。甚至在同一株植物上，顏色深的部分也比顏色淺的部分營養價值高。大蔥的綠色部分就比蔥白部分的營養價值要高。

　　不過隨著科技的發展，很多植物激素也被應用於農業生產中，這些激素可以讓植物的顏色更加鮮艷；還有一些黑心的商販為了賣出好價錢，不惜用有毒物質為植物上色。這樣生產出來的蔬菜顏色雖然很漂亮，但是對人體沒有一點好處。

　　為了防止這樣的食物流向餐桌，我們必須要練就一副「火眼金睛」，首先要學會準確分辨天然的蔬菜色澤與人工添加的色彩，然後在天然蔬菜中選擇顏色比較深的，讓它們為自己和家人的健康服務。

C K

Part **2**

色彩檢測，找到你的

專屬色彩

M Y

日益流行的個人色彩屬性

　　和自然界中的其他生物一樣，人類也都有自己的顏色。在看似相同的外表下，每個人都有自己獨特的色彩屬性。即使曬黑、皮膚上出現了瑕疵，甚至老化也不能讓我們跳出既定的「色彩屬性」。

　　決定個人色彩屬性的物質是體內各種色素的含量，包括呈現黃色的胡蘿蔔素、呈現紅色的血紅素和呈現茶色的黑色素。胡蘿蔔素和血色素決定了皮膚顏色的冷暖，而膚色的深淺明暗則是黑色素在發生作用。眼珠顏色、毛髮顏色也是由這三種色素組合而呈現出來的結果。

　　體內胡蘿蔔素偏高的，膚色表現為象牙色或者金棕色；血紅色偏高的，膚色表現為粉紅色；如果血紅素和胡蘿蔔素含量基本相等，那麼膚色表現為米色；血色素、胡蘿蔔素和黑色素基本相等，膚色表現為土褐色；胡蘿蔔素和黑

色素少於血色素，膚色則呈現玫紅色。

隨著生活水準的提高，人們越來越關注自身的形象，而塑造良好外在形象的第一步就是正確認識自己身體的顏色，找到屬於自己的個人色彩屬性，揚長避短，打造完美的形象。

最流行的個人色彩屬性理論就是「四季色彩理論」。著名的色彩大師約翰・伊登除了提出了12色相環和自己的色彩調和理論，還是四季色彩理論的奠基人。他在著作《色彩論》中率先提出：能夠與人自身的頭髮、瞳孔以及肌膚顏色相協調的色調，就是適合個人的顏色。伊登將適合不同類型人的顏色分為春夏秋冬4組，使之形成一個體系。

美國的「色彩第一夫人」卡洛爾・傑克遜女士進一步發展了這個理論，首次提出了「四季色彩理論」這個名稱。四季色彩理論提出之後迅速風靡歐美的時尚界，佐藤泰子將其引入日本，研製了適合亞洲人的色彩體系。

1998年，四季色彩理論由西蔓女士引入中國並加以改造，「四季色彩理論」為人們的穿著打扮帶來了巨大的影響，同時也引發了各行各業在色彩應用技術方面的進步。

按照基調的不同，四季色彩理論把生活中常用的色彩進行了冷暖劃分和明度、純度劃分，最終形成了四組關係和諧的色彩群。這四組色群的顏色剛好能夠與大自然的四季特徵一致，於是這四組色群就分別被命名為「春」、「夏」、「秋」、「冬」，其中「春」、「秋」屬於暖色系，「夏」、「冬」屬於冷色系。

　　根據「四季色彩理論」和人的膚色、髮色、眼珠色等色彩屬性，人們也可以找到和諧對應的「春、夏、秋、冬」四組裝扮色彩。四季色彩理論解決了很多人在裝扮方面的用色難題。

　　如果能夠找到最適合自己的色彩群，不僅可以透過色彩把魅力自然完美地展現出來，而且還可以快速地找到最適合自己的顏色，避免浪費時間和金錢。

　　當然，四季色彩理論的目的並不是要把一個人圈定在一個固定的色彩範圍內，而是要幫助每個人做色彩的主人，瞭解用色規律，提升駕馭色彩的能力。這樣，我們就可以在生活中巧妙運用色彩在需要的場合彰顯自己，並清楚知道穿上不適合自己的顏色時，如何用妝色和配飾的顏色去調整和完善。

四季色彩理論

　　四季色彩理論是建立在色相環知識基礎上的。卡洛爾‧傑克遜女士將四季色彩理論與人的膚色、髮色、眼珠色結合在一起，讓人們能夠更容易地找到適合自己的色彩群，將自己的魅力自然完美地呈現出來。

檢測皮膚基色，尋找專屬第一步

　　現在我們知道，除了血型、指紋之外，人類還有另外一種特性，就是人體的色彩屬性。有時候，某位朋友或者同事穿的衣服獲得了大家的一致稱讚，我們的內心可能就會蠢蠢欲動：「我和她性格和身材都差不多，是不是也可以買一件試試看呢？」

　　但是大多數情況下，適合別人的顏色並不一定適合自己，想要知道自己染什麼顏色的頭髮好看，穿嫩黃色套裝是否適合，首先要瞭解自己的皮膚基色。

　　所謂「皮膚基色」就是我們肌膚的基本色調，大致可以分為藍色系和黃色系兩大類。奶油白色、黃褐色以及金黃色的皮膚顏色溫暖而帶有黃色印象，擁有這樣皮膚顏色的人屬於黃色系；帶有藍色印象的白色、粉色，或者是帶有

紫色印象的褐色等，能夠給人帶來清涼的感覺，擁有這樣的皮膚顏色的人就屬於藍色系。

那麼怎樣才能知道自己的皮膚基色屬於哪種色調呢？下面有三種簡單易行的檢測方法，感興趣的讀者可以自己來檢測一下。

一、布料檢測法

先找來兩種色彩樣本，一個是發藍的白色，另一個是發黃的米色。樣本可以是一塊一塊的布料，如果不方便找到，用這兩種顏色的襯衫代替也可以。

隨後站在明亮的房間中，將兩個樣本分別與自己的臉作比較，看哪種樣本能夠讓自己的臉色看起來更健康富有生氣。

適合白色樣本的人，皮膚基色是藍色系。這種類型的人除了適合白色外，紫色、亮藍色以及檸檬黃色等也是很好的選擇。適合米色樣本的人屬於黃色系，比較適合乳白色、地衣綠色和橙色等色彩。

二、紙張檢測法：

準備全白色和米色紙各一張，然後把雙手分別平放在這兩張紙上，仔細觀察兩張紙和膚色之間的映襯效果。如果皮膚顏色與米色紙的色調更接近，那麼你的皮膚基色就屬於黃色系；如果皮膚顏色與白色紙張的色調更接近，那麼你的皮膚基色就屬於藍色系。

　　要注意的是，兩種皮膚基色最適合的顏色並不是絕對的。黃色系類型並非完全不能使用藍色，而藍色系與黃色之間也可以搭配出協調的效果。

　　只要適當調整色彩的濃淡及明暗，任何顏色之間都可能協調搭配。適合的顏色會使自身的皮膚色調顯得健康有活力，不適合自己的顏色則會令臉色看上去呈現病態甚至衰老的跡象，進而給人留下負面印象。

三、金屬飾品檢測法：

　　選用金銀飾品來檢測皮膚基色的時候，可以觀察究竟哪種顏色能夠讓自己的膚色看起來更明亮。

　　金色首飾更適合黃色系皮膚的人佩戴，而藍色系皮膚的人則更適合佩戴銀色首飾，反之，則會影響皮膚的色感，導致臉色不佳，給人帶來不協調的印象。

　　最後要提醒的是，在做皮膚基色檢測的時候，一定要在自然光或者接近自然光的白晝色螢光等環境中進行，否則就難以獲得準確的判斷。

如何檢驗皮膚基色

　　檢驗皮膚基色主要有三種方法，分別是布料檢測法、紙張檢測法以及金屬飾品檢測法。

　　如果我們的皮膚可以被帶黃色調的顏色映襯得更亮麗，那麼我們就屬於黃色系的皮膚；如果白色調的顏色與我們的肌膚更協調，那麼我們就屬於藍色系的皮膚。

著眼整體，挖掘你的專屬色彩

　　瞭解了自己的皮膚基色之後，現在要進一步按照四季色彩理論進行春、夏、秋、冬的劃分。要想確定自己屬於春、夏、秋、冬中的哪個類型，光看膚色是不夠的，還要結合毛髮、瞳孔、嘴唇以及臉頰的顏色綜合分析。

　　不過，這裡說的顏色是天生的，依靠染髮、美瞳、唇彩以及腮紅等獲得的顏色是統統不算數的！只有從整體著手才能找到最適合自己的專屬色彩。準備好小鏡子，下面就要開始分類了：

　　如果你的皮膚基色屬於黃色系，那麼首先可以肯定的是你一定是屬於春季或者秋季類型的人。想要進一步確定，就要仔細觀察自己頭髮、瞳孔、嘴唇和臉頰。

　　春型人的頭髮顏色很淡，微微發黃或者呈現明亮的茶

色；瞳孔顏色比較淺，是棕色；唇色自然或者呈現珊瑚紅色、桃紅色；臉頰的皮膚顏色是珊瑚粉。

春型人有著明亮的眼睛，桃花般的膚色，他們是以黃色為基調的輕型暖色調人，就像是微微泛黃的初春的田野。春型人非常適合春季色彩群中最鮮艷明亮的顏色，比如亮黃綠色、淺藍色、淺金色、杏色等，這些顏色可以同時突出春型人的輕盈朝氣與柔美魅力。

皮膚基色為黃色系的人中，還有一類屬於秋季型。秋型人擁有深褐色或者深暗棕色的頭髮；瞳孔顏色是深褐色或者石油色，眼神中透出沉穩和成熟；秋型人的嘴唇偏橙色。秋型人屬於以黃色為基調的重型暖色調人。秋型人端莊成熟，就像秋天帶給我們的濃鬱、豐盈一般，秋型人是華麗而沉穩的。秋型人適合穿著以黃色為主色調的濃鬱而華麗的顏色，比如駝色、褐色等顏色。

下面介紹皮膚基色為藍底的人的分類。頭髮的顏色為輕柔的黑色或者亮黑色；目光柔和，眼珠是明快的紅褐色或帶有灰色印象的柔和黑色；唇色是桃色或者粉色，有水潤感，臉頰是玫瑰色的人屬於夏季型人。

夏型人大多溫柔文靜，柔和寧靜的眼神讓人覺得安詳平靜，像是炎熱夏季的一絲清風。他們屬於以藍色為基調的輕型冷色調人，適合以藍色為底調的輕柔淡雅的顏色，只有這樣的顏色才能襯托出夏型人溫柔恬靜的個性。他們適合深淺不同的各種粉色、藍色和紫色，以及有朦朧感的色調。

　　冬季型的人頭髮烏黑發亮，髮質較硬；眼睛黑白分明，瞳孔的顏色為深黑色、黑褐色或者深棕色，目光犀利有神，給人帶來強烈的距離感；冬型人的唇色是濃重的酒紅色或者紫紅色；臉頰上幾乎沒有紅暈。

　　冬季型的人幹練而張揚，敢愛敢恨，就像大自然中的冬天一樣個性十足，皮膚和毛髮的鮮明對比能夠給人留下深刻的印象。冬型人最適合對比搭配，衝突的色彩會讓冬型人顯得驚艷脫俗。另外，冬型人需要避免輕柔的顏色，而應該選擇純正、鮮艷有光澤感的顏色。

　　由於亞洲人是黃皮膚的人種，加上遺傳因素的不同，亞洲人的膚色變化很大，因此透過以上的判斷，有很多人很難清楚地判斷自己究竟屬於春、夏、秋、冬哪種色彩，這樣的人就是複合型的人。

　　在台灣，最常見的複合型人是「冬、夏複合型」。如果你的色彩屬性是複合型，那麼你可以按照色彩的調和理論去嘗試更多的配色方案，並從中找出最適合自己的配色方法。

四季色型人的外貌特點

春型人——頭髮微黃或呈亮茶色；瞳孔顏色是棕色；唇色自然或呈珊瑚紅色、桃紅色；臉頰的皮膚顏色是珊瑚粉。

夏型人——頭髮是輕柔的黑色或者亮黑色；眼珠是紅褐色或呈灰色調的柔和黑色；唇色是桃色或粉色，有水潤感。

秋型人——擁有深褐色或深暗棕色的頭髮；瞳孔顏色深褐色或石油色，嘴唇偏橙色。

冬型人——頭髮較硬，烏黑發亮；眼睛黑白分明，瞳孔的顏色為深黑色、黑褐色或者深棕色；唇色是濃重的酒紅色或者紫紅色。

春型人——歡快俏皮的穿搭秀

　　春季色型人給人的第一印象大多是一種陽光照耀的明媚，白皙的臉頰總是透著粉紅的紅暈，閃亮的眼睛永遠顯露出不諳世事的清純。就像春天為我們帶來的勃勃生機一樣，春型人給人的感覺總是充滿朝氣、歡快俏皮的。

　　春型人帶給別人的整體感覺不能以美麗或者帥氣來形容，親切可愛似乎更符合他們的形象。

　　春型人在搭配服裝的時候要儘量選擇明快新鮮的顏色，因為只有這樣才能夠演繹出清新的味道。

　　春型人選色的時候應該以黃色為主，含有黃色的綠色或者橘色最為合適，因為春型人的獨特色彩屬性決定了只有溫暖而明亮的顏色才能襯托出春型人活潑、年輕的氣質。

　　春型人可以在米色或者亮褐色的基調中，添加一些鮮亮的顏色作為點睛之筆。如果整身都選擇單一的色彩來搭配會讓臉色看起來暗淡無光，所以一定要在某個細節部位打造出明快清新的亮點。

　　下面按照季節為春型人提出一些穿搭建議。

春季：

　　嫩黃色的T恤搭配一條淡藍色的牛仔褲，可以充分表現出春型人年輕有活力的特點。如果再配上一定粉紅色的棒球帽，則進一步增添了春型人的動感活力。

　　如果想要展現甜美可人的鄰家女孩氣質，則可以選擇乳白色和代表著陽光活力的橘紅色搭配，這樣的搭配剛好可以襯托出春型人紅潤嬌嫩的肌膚。

夏季：

　　夏季的休閒裝束可以以黃綠色搭配為主，這能夠讓別人聯想到破土而出的新芽，為炎熱的夏季帶來一股清爽的風。

　　另外，還可以使用橘色或者桃粉色的小手提包或其他配飾來增加甜美氣息。春季色型的男士則可以選擇米色的襯衫，搭配薄荷色的短褲，可以在簡約中流露出清爽的感覺。

秋季：

　　秋季天氣開始變涼，但是最適合春型人的還是淡色的衣

服。這個季節可以使用含白量比較多的顏色，比如米色、淡黃色等等。

女士可以穿淡黃色的毛衣，搭配一條米色長褲，外面穿上一件含橙色的淡紅色大衣。男士可以依然可以選擇米色的襯衫，用冷色的褲裝來搭配。要注意的是，黑色並不適合春型人，因此可以用濃重的藍色、棕色或駝色來代替。

冬季：

冬季的時候，春型人依然可以打扮得朝氣蓬勃，沒有人比你們更適合駕馭淺嫩的顏色。

女士可以選擇淺橘色的棉衣或者羽絨服，搭配深色的褲子來避免淺色過多帶來的臃腫感。男士可以嘗試黃綠色的羽絨服，搭配淺色圍巾和深色褲裝來讓整體搭配顯得活潑，富有層次。

春型人最重要的特點和優點就是像鄰家小妹妹一樣的親切和可愛，能夠讓人看到蓬勃的朝氣和希望，在用色的時候一定要注意突出自己的優勢。

春型人的搭配禁忌和技巧

　　春型人應該避免銀色首飾與黑色或者深藍色的T恤搭配，銀色的首飾會破壞春型人臉色的粉嫩感，而深色T恤則毀掉了春型人原有的輕盈感。還要避免全身只有一種色彩，因為這樣會帶來一種俗氣的感覺，可以用小面積的色彩達到畫龍點睛的作用。

　　春型人的T恤最好選擇米白色或者淺色。飾品儘量選擇金色，金色可以給春型人帶來時尚亮麗的感覺，當整體的服裝是純色的時候，金色的首飾還可以達到畫龍點睛的作用。

▊夏型人——我型我秀的柔和時髦風

夏季色型人擁有健康的膚色，水粉色的臉以及柔軟的黑髮，整體呈現出的感覺是溫柔優雅的。夏季型人最適合以藍色為基調的輕柔淡雅的顏色，只有這些顏色這樣才能襯托出他們的氣質。

夏型人屬於輕型冷色調人，在進行色彩搭配的時候，一定要給人清爽的感覺，應該儘量避免反差和強烈的對比，最好在同一色相中進行濃淡搭配，或者在藍灰、藍綠、藍紫等相鄰色相中進行濃淡搭配。夏型人最適合穿深淺不同的粉色、藍色和紫色，以及其他有朦朧感的色調。

要想襯托出夏型人的柔和時尚，基礎色調可以選擇能夠給人留下明快印象的灰色或者深藍色比較好。如果選擇褐色，最好選擇不含黃色印象的褐色。如果夏型人想要在商

務場合中展示出睿智個性，可以在上面色調的基礎上添加
柔和明快的顏色。不過一定要避免添加黃色，因為黃色與
夏型人的肌膚色不協調，會造成一種病態的感覺。

下面是給夏型人的一些穿搭建議。

春季：

淺孔雀綠能夠給人帶來理智清高的印象，配上夏季粉白
的肌膚，能夠給別人帶來理智而平靜的感覺，搭配乳白色
的褲子，能夠進一步凸顯夏季型人純淨高尚的特質。

男士可以選擇粉藍色或者淡藍色的襯衫，搭配白色的褲
子，這種色彩搭配能夠讓夏型人的肌膚顯得更加清透。如
果選擇淡淡的黃色來搭配，則會給人留下簡樸的印象。

夏季：

夏季可以選擇淺天藍色的T恤，搭配淡黃色的短裙，可
以表現出簡單可愛的感覺，非常適合夏型人的膚色，可以
增加整體的清透感。

男士可以選擇淡藍色與白色相搭配，這種配色方式就像
藍天白雲帶來的悠然感覺，符合消極色型人純潔清透的特
徵。搭配淡紅色或者淡黃色的配飾，可以增加亮點，使整
體配色富有靈動感。

秋季：

淺淡的藍色外套配上露在外面的白色堆堆領可以使夏型
人的臉色富有光澤，頭髮也被襯托得更加濃黑。此時夏裝

不宜搭配濃重的黑色，明度和彩度都比較低的灰色剛好，配上白色的靴子，可以強調出夏型人的清純感。淡黃色的配飾則可以點亮整個搭配，低調中又不失光芒。男士可以選擇蔚藍色的毛衣搭配褐色的褲裝，整體顯得穩重而又不失活潑。

冬季：

女士可以選擇淺淡的藍紫色大衣搭配白色的冬裙，整個搭配透露出一種淡淡的溫柔，加上一頂粉色的帽子，這種溫柔的氣質得到了進一步的強調，同時還在溫柔中增添了一絲絲浪漫。男士可以選擇暗藍色呢大衣，搭配米白色夏裝，這種搭配可以給人安靜沉穩的感覺，同時又不失時尚。

夏型人給人的整體感覺是溫柔優雅的，最好不要使用濃重的色彩，這樣會讓自己看起來「苦大仇深」，削弱了原本的輕盈感。

夏型人要避免張揚的顏色，選取清新的色彩，既可以保持自己的特性，也可以讓人在你身上感受到活潑。

夏型人的搭配禁忌和技巧

要避免使用較深的紅色或者紫色，因為這些顏色會削弱夏型人的輕盈感，給人帶來窒息的感覺。還要避免全身使用深色，這樣的顏色會讓整個人看起來生硬沒有生氣。

夏型人整體氣質恬淡安靜，要儘量避免張揚的顏色，最好用淺色來勾勒清新的感覺。夏型人非常適合清澈透明的色彩，將白色、淺色等組合起來就可以塑造清新雅致的形象。再小面積點綴一點點亮色，就可以使夏型人顯得活潑起來。

秋型人──如秋天般絢麗雅致風

　　秋季色型人屬於暖色系，膚色均勻，有瓷器般的光澤，他們的眼神總是給人一種處變不驚的沉穩，整體氣質成熟穩重，就像是秋天帶給我們濃鬱豐盈的印象一樣，秋型人帶給我們的感覺是絢麗壓制的。

　　秋型人適合穿著以黃色為主調的顏色，與春型人適合的黃色不同，秋型人適合的黃色是溫和深沉的，是那種可以給人帶來深邃醇厚印象的黃色。

　　其他色彩屬性的人選擇這種顏色的服裝很容易表現出老氣的而感覺，而秋型人使用這種顏色不僅不會產生老氣的感覺，還能展現出自己穩重大方的氣質。

　　秋型人應該選擇沉穩厚重的顏色，比如暗濁的黃褐色、金色以及黃綠色等等，越醇厚的顏色越能襯托秋型人的膚色。

秋型人在全身色彩搭配上不適合做強烈對比，只有在相同色系或者相鄰色系中進行濃淡搭配才能烘托出秋型人的知性。另外屬於秋季色型的男士非常適合皮革類的小飾品來裝飾自己，甚至可以挑戰一些極具個性的裝飾物。

下面是給秋型人的四季穿搭建議。

春季：

秋季色型的女士可以選擇稍渾濁的黃色或者黃綠色外套搭配暗淡些的牡蠣白色裙裝，給人留下寧靜質樸的印象。如果搭配一個褐色的手提包，可以進一步強調秋季型人的穩重。

秋季型的男士可以在春天選擇棕色系色彩與牛仔褲搭配，加上特有的象牙色皮膚，整體會給人帶來平靜舒適的感覺。

夏季：

夏季時，女士可以選擇駝色系的裙子來搭配米色的上衣，這樣可以給人帶來質樸簡約的氣質。

要注意的是，最好不要選擇圖案和款式過於花俏的類型，這樣會破壞秋型人的質樸感覺。由於夏季天氣炎熱，不適合沉重的色彩，對於秋型人來說，不論男女，牡蠣白和米色都是最好的選擇。

秋季：

秋型人在這個季節可以選擇米色或駝色的大衣、外套，裡面搭配鄰近色相的棕色或者土黃色，另外搭配一些暖綠色來提亮整個裝扮，就可以使人聯想到田園、樹木等純樸的形象，這也符合秋型人成熟、知性的氣質。

冬季：

秋型人的服裝在冬季可以以紅色為主，女士可以選擇酒紅色外套，搭配黑黃格的圍巾和同樣的冬裙，這樣的搭配能夠為秋季型人添加俏皮的休閒感，同時增強秋季型人的感性。

男士同樣可以主打紅色，紅木色、紅褐色服裝都是很好的選擇，非常適合秋型人在寒冬季節展現成熟沉穩的個性。

沒有人比秋季人更適合濃重奢華的顏色，比如黃褐色、深米色等等。

秋季人整體有一種成熟穩重的韻味，應該在選色的時候加強這種感覺，而不是去削弱這種韻味。否則人們不但看不到秋型人身上的優勢特質，還會讓人感覺混亂。

重點
歸納

秋型人的搭配禁忌和技巧

　　秋型人要儘量避免純黑色、純白色、淡藍色等冷色調的顏色，因為這些顏色無法體現秋型人的成熟和華貴；秋型人也不適合明亮的黃色和橙色等鮮艷的顏色，因為這會破壞秋季型人給人的沉穩印象。除此之外，也不適合佩戴銀色飾品。

　　秋型的人適合比較渾濁的顏色，比如微濁的藍灰色可以表現出女性溫柔的一面；米色也是體現秋型人優雅味道的法寶，它可以說是秋型人的「萬能色」，能夠體現出比較高的品味。

冬型人──最適合犀利冷峻風

冬季色型人外向熱情，眼睛明亮犀利，常常會給人留下幹練而張揚的印象。這個類型的人充滿個性，與眾不同。冬型人最適合重型冷色系，冷峻驚艷的顏色最適合體現他們的個性，冬型人的整體氣質決定了他們不適合走溫和柔弱的路線。

冬型人給人一種堅毅敏銳的感覺，深藍色或者紫色等強勢的顏色能夠比較好地演繹出這個類型的人所具有的獨特個性，同時這個屬性的人也最適合黑白色的經典搭配。冬型人可以選擇一些鮮艷的焦點色來調節整體的配色氣氛，不過整體色彩一定要注意明暗對比，因為對於冬型人來說，過弱或過強的色彩都會帶來輕浮的印象。

下面為冬型人提供一些穿搭建議。

春季：

冬型人的膚色比較暗，所以所穿的服裝適合選用純度高的顏色來營造對比效果，提亮膚色，如果選用純度低的色彩，就會使皮膚顯得暗淡不健康。

黑色最能體現冬型人大器的特性，但是只有黑色又稍顯單調，此時搭配明亮而偏冷的黃色就會使冬型人看起來充滿活力。如果黑色與少量暖色作對比，則會體現出相互碰撞的獨特美感。

夏季：

以黑色或白色為間隔的冷色T恤很適合冬型人夏季穿搭，搭配銀色的飾品能夠襯托出冬型人充滿野性的獨特味道。

冬型人很適合濃重的顏色，夏天的時候很適合嘗試色相華麗的衣服，搭配低明度的冷色可以讓整體配色看起來流暢和諧，適合冬型人體現自己的魅力。

秋季：

冬型人可以選擇黑色毛衣搭配純正的藍色褲裝或裙裝來營造色彩的對比。另外還可以選擇一些亮色的配飾，如手提包、腰帶、絲巾等來增加皮膚亮度，避免黑色造成的負面影響。也可以選擇深色的外套搭配淺色的襯衫，這樣的明暗對比變化可以凸顯冬型人冷峻的特點。

冬季：

冬型人是駕馭黑色能力最強的一類人，不過要想更好地利用黑色，冬季型人還需要掌握一個小技巧——對比。冬型人的膚色較暗，而黑色會讓原本就暗淡的膚色看起來更加沒有光彩，此時選擇高純度的亮色毛衣來搭配黑色，就可以輕鬆地凸顯出自己的冷艷氣質。

冬型人最重要的特質就是冷峻或者冷艷，這樣的人非常適合其他幾個季型都不適合的黑色衣服。冬型人在整體搭配上要注意的就是不要隱藏自己冷峻的特質，但是同時也不能讓自己看起來過於強勢，否則可能會被朋友或者同事孤立。

冬型人的搭配禁忌和技巧

要避免使用咖啡色，因為這種顏色會給人老氣的感覺。另外也要注意避免完全的黑白灰搭配，雖然冬型人完全可以穿出這些顏色的氣勢，但是如果沒有其他的顏色來調和，就會讓整個人看起來咄咄逼人，缺乏溫柔氣質。

冬型人在選擇黑色的時候可以有光澤度的黑色來進行搭配，既可以避免強勢的感覺，也有助於提亮膚色；還可以嘗試對比強烈的分離配色法，以此來表現出自己強烈的個性，令人過目難忘。

根據自己的四季屬性打造合適妝容

　　昨天還流行著粉色，今天綠色就大行其道，流行真是一個讓人捉摸不透的東西。任何一個人都不想成為時尚的棄兒，每個人都想緊跟潮流，但是需要注意的是，流行的不一定適合自己，也許流行會毀掉你原本的形象。只有找到適合自己的，才能永遠散發出時尚的氣息。

　　「四季色彩理論」不僅能夠幫大家找到最合適的服裝色彩，還可以指導化妝時候的用色，下面我們就來瞭解一下不同色彩屬性的人最適合什麼樣的妝容吧！

　　春型人的頭髮本身偏黃，在染髮的時候要注意保留基本色，選擇清淡鮮亮的顏色，比如金黃、淡紅、米色或者銅紅色，要避免濃重的顏色。

　　春型人的彩妝同樣要以亮色調為主，明亮、鮮艷的糖果

色是最佳選擇。眼妝要清爽，可以選擇明亮的米黃色系眼影，搭配黃色或者淺綠色等。唇膏最好選擇柔和的珊瑚粉、明亮的橙色或者朱紅色等等，最好在唇膏之外再薄薄的塗上一層唇彩，以突出嘴唇的水潤感。

春型人的指甲顏色也適合選用珊瑚粉色或者橙色，如果追求與眾不同的感覺，也可以選擇明亮的黃色或者黃綠色。

夏型人的髮色比較深，不適合染成太淺的顏色，最好選擇棕色、棕色或者巧克力色，挑染的效果會比全染的效果要好。

夏型人的皮膚白皙水潤，在化彩妝的時候最好避免使用深色的粉底，夏型人的眼影可以選擇藍灰色或者柔和的藍色配上粉色、淡紫色等清澈的顏色等；唇膏可以選擇粉色、玫瑰色等，最好避免渾濁的粉色和偏橙的顏色，可以塗抹一些唇彩突出光澤感。

夏型人的指甲同樣要以清新淡雅為主，如果想要營造甜美的感覺，也可以嘗試一下明亮的玫瑰色。

秋型人選擇髮色時以金紅色和栗褐色為佳，染髮的同時要注意頭髮的光澤度。秋型人的皮膚屬於重型暖色系，為了突出自己的特質，眼影可以選擇青銅色、深綠色，配以金色、赤色等濃重的顏色。

為了突出秋型人的穩重和知性，唇色可以選擇番茄紅、石榴色等成熟的顏色。秋型人的指甲以濃重的金色和棕色為主，以此來打造指甲華麗、成熟的風格。

　　冬型人的頭髮硬且黑，為了更好地突出自己犀利個性的風格，這個類型的人在染髮的時候最好選擇偏冷的顏色，比如藍黑色、葡萄酒色等等，以此來打造冬型人冷峻酷帥的風格。

　　在化彩妝的時候，冬型人要選擇可以突出臉部輪廓的妝容，眼影可以選擇黑色、灰色等配以藍色系的顏色進行暈染，同時添加黑色的眼線。冬型人的唇色適合選擇冷艷的紅色、葡萄酒色等顏色來塑造性感的形象。

　　冬型人的指甲顏色也同樣要走華麗冷峻的路線，最適合的顏色是紅色、紫色系，如果能夠搭配黑色或者銀色，就能夠更好地突出銳利的感覺。

　　化妝的目的就是掩飾缺點，突出優點，各個色型的人應該牢記季節色型特質，選擇能夠揚長避短的色彩來打造完美的臉部妝容。

各色彩屬性人的化妝要點

春型人——化妝時要保留皮膚的天然優勢，粉底要薄而透明，眼影宜淺淡柔和，突出睫毛，強調純色，妝面要淡而乾淨。

夏型人——化妝時最好選擇柔和的淡妝，強調眉毛，眼影宜輕柔淡雅，口紅不宜濃重，妝面要淺淡透明。

秋型人——化妝時要強調眼部陰影，在色彩上遵循深厚、濃濁的原則，凸顯自己成熟高貴的氣質。

冬型人——化妝時要突出眼部妝容，使面部輪廓分明，整體應選擇深色和冷色來突出自己的冷峻感。

「淺、深、冷、暖、淨、柔」六型 色彩建議

　　由「四季色彩理論」發展而來的色彩低調系統按照膚色、髮色和瞳孔色的不同，將人群大致分為六個色型，分別是「深、淺、冷、暖、淨、柔」這六個色型，它又被稱為「個人色彩季型」。由於臉部的底調色彩不同，各個季型的人適合的顏色也各不相同，那麼六種色彩季型的底色特點是什麼，他們又分別適合什麼樣的色彩呢？下面我們就來研究一下。

一、深色型人

　　深色型的女性又被稱為「巧克力美女」，從這個稱呼我們大概可以想像此種類型人的外在特點。他們整個頭面部的色彩是厚重強烈的，一般有著烏黑的頭髮和眼睛，眼神

或者犀利或者深沉。

　　他們的膚色多為深象牙色、帶有青底調的黃褐色以及帶有橄欖色調的棕黃色。屬於深色型的人具有獨特的魅力，只有強烈濃重的色彩才能襯托出這種魅力，比如正藍、正綠、正黃、正紅等正色。那些看上去與自身顏色很接近的濃重色彩，比如黑色、褐色等會把膚色襯得更加黯淡憔悴，在日常的搭配中要儘量避免。

二、淺色型人

　　淺色型人的頭髮、皮膚和眼睛的顏色是輕淺的，彼此之間不會形成強烈的對比和反差。此類型人的髮色不會很黑，基本上是從黃褐色到深棕色。眼睛顏色則是從黃褐色到棕黑色，眼白部分有些呈現淡淡的藍色，有些是常見的白色。

　　膚色從很白到中等深淺的膚色都有，但是膚質很薄。這個類型的人頭面部的色彩屬於同一色系或臨近色系，因此臉部色彩沒有對比，層次不清。最適合的顏色是清澈的淺藍、淺綠、淺粉、淺黃等顏色。

三、冷色型人

　　此類型的人整個頭面部籠罩在一種青色的底調中。頭髮從灰棕褐色到黑色都有，眼睛顏色也是從褐色到黑色都有，冷色型人的膚色有青白色、青黃色或者青褐色，整體給人明淨的感覺。

　　此種類型的人非常適合藍色，只有在冷色調色彩的包圍

中，整個人才會顯得乾淨清透。如果選擇了暖色調的色彩，此種類型的人皮膚會顯得很厚，人也顯得沒有精神，缺乏時尚感。

四、暖色型人

這種類型的人整個頭面部都體現出一種溫暖黃色底調的特徵，頭髮大多發黃，有淺褐色、棕黃色、棕黑色等；他們的眼睛眼白部分呈現健康的淡黃色；膚色從黃白到象牙色、深黃色都有，臉色呈現出一種溫暖的橘色底調。

這種類型的人適合選擇以黃色為主的明亮、鮮艷、輕快的顏色。

五、淨色型人

此種類型人的整個頭面部明淨、清澈、對比分明。其中最引人注目的就是眼睛了，他們的瞳孔烏黑發亮，黑白分明，眼睛非常有神采；頭髮顏色也很深，通常擁有一頭烏黑發亮的頭髮；膚色則與髮色和眼睛形成強烈的對比，是非常常見的淺色皮膚，呈現象牙白、青白的狀態。此類型的人適合選擇強烈的顏色，如水藍、正紅等顏色。

六、柔色型人

這種類型的人整體面部似乎籠罩了一層灰霧，色彩不分明，色感也不強烈。他們的頭髮不是烏黑發亮的類型，而是帶有棕黃或灰黃的色調；眼珠是黃褐色的；此種類型的人膚色中等深淺，膚質不是晶瑩剔透的，有些磨砂的感覺。

這種類型的人適合深色以及濃郁深厚的顏色。

應用色彩的時候，除了要考慮頭面部的色彩，還要考慮整體服裝色彩與頭面部的色彩搭配，讓整體色彩都能成為烘托個人氣質的「好幫手」。

個人色彩季型選色建議

深色型人需要用強烈濃重的色彩來襯托自己獨特的魅力，比如正藍、正綠、正黃、正紅等正色。

淺色型人最適合的顏色是清澈的淺藍、淺綠、淺粉、淺黃等顏色。

冷色型人深深淺淺的顏色都適合，但必須是冷調子的，藍色系，紫色系是他們的好選擇。

暖色型人最適合的顏色是以黃色為主的明亮、鮮艷、輕快的顏色。

淨色型人適合強烈的顏色，如水藍、正紅等顏色。

柔色型人最好選擇深色以及濃郁深厚的顏色，避免淺淡的顏色。

色彩萬花筒：衣櫥的色彩整理法

　　即使找到了自己的專屬色彩，衣櫃裡面的衣服是不是依然多得堆不下呢？這並不奇怪，因為除了顏色，大家的衣服款式也是多種多樣的。下面教大家一個利用色彩來整理衣櫥的方法。

　　首先大家要拋棄傳統的按照季節整理服裝的方法，然後利用色彩理論整理衣櫥。首先把衣服按照類型分開，比如襯衫類、外套類、長裙類、短裙類、長褲類，把同一類的衣服吊掛在一起。然後再依照顏色、圖案的性質來區分，這樣可以讓衣櫥看起來更有條理，並且能夠很快知道衣櫥裡面有什麼，需要添加些什麼，同時也方便我們根據不同的場合選擇不同顏色和款式的衣服。

　　利用色彩來整理衣櫥具體如何操作呢？我們舉例來說明

這個問題。比如，可以把衣櫥劃分為無色短衣區、淺色區域、有色短衣區、艷色外套區以及深色外套區。可以把所有的白襯衫放到無色短衣區內；淡顏色的T恤可以放在淺色區；鮮艷外套區又可以分為幾個區，把純色的衣服和印花的衣服分開放；深色區可以劃分為黑色區、褐色區以及有圖案的深色衣服區等。

C K

M Y

Part 3

女性化妝中的
色彩密傳

彩妝三大原則：自然、 平衡、立體

「彩妝」是指人們透過粉底、蜜粉、眼影、口紅、腮紅等有顏色有光澤的化妝品美化臉部缺陷和突出臉部優勢的裝扮方法，主要作用是讓女性的形象更加美麗。作為一門「美」的藝術，彩妝最講究自然、平衡和立體。

所謂「自然」，就是利用這些化妝品完成妝容之後，整個妝容能夠與原本的肌膚融為一體，看不出化妝的痕跡，但是卻明亮動人，呈現出或溫柔、或狂野、或浪漫的個人風格。要想妝容自然，最重要的一步就是打造完美的肌膚。要打造自然的妝容首先取適量隔離霜放在掌心，用另一隻手中指和無名指的前兩個指節推勻，再用沾有隔離霜的兩隻手指塗抹在整個臉部。

為了消除指印，可以用粉撲或者海綿在印跡殘留處輕

按。鼻翼、眼角等細微的地方可以把海綿對折使用。然後用遮瑕膏用無名指指腹推勻，使得粉底和膚色完全融合。此時最基礎的妝容就完成了。

彩妝的平衡則主要是指色彩的搭配和諧統一，既包括臉部妝容所選擇的顏色，也包括整個妝容與身上的衣服、配飾等的色彩搭配。

亞洲的女性多數為黃色調的肌膚，很容易與選擇的彩妝色彩產生混色的問題。如果膚色白皙還好，如果皮膚屬於很暗的顏色，那麼某些色彩就應該被列入「黑名單」。

亞洲人比較適合同色系的妝容，不適合強烈的對比。即使出現了對比色，最好也用一些中間色去進行平衡，形成有層次的過度。另外，彩妝的顏色還要與服飾的色彩協調，比如穿著淺色衣服的時候，化妝的顏色應該素雅；穿著深色服裝的時候，可以選擇鄰近色或者同色系的彩妝搭配；穿黑白灰色的服裝可以選擇鮮艷、較深且無銀光的彩妝搭配。

立體的妝容可以讓人的五官鮮明，富有層次，突出優點。亞洲人的臉部比較扁平，所以營造五官的立體感是亞洲人化妝時的重點。把五官塑造成立體的效果，「光影」扮演著重要的作用。用有淡淡珠光感的白色或者銀色眼線筆來勾勒下眼線可以看到臉部及眼部線條的提升；如果在眉弓處打上高光，並且使用深色的眼影，這樣就可以利用色彩前進和後退的性質來讓眼部變得更加深邃；用比膚色稍亮的高光粉塗抹在鼻梁和額頭，能夠製造出立體感，同

時也能拉長臉型，所以臉很長的人最好避免這個用法。

　　彩妝最重要的作用就是讓人看上去更加完美，符合人的個性和臉部特點，要自然不突兀。還要能夠掩飾臉部的不完美之處，對於亞洲女性來說，塑造臉部的立體感是化妝中很重要的一點。

　　彩妝除了自然和立體之外，還要根據當天的服裝選擇合適的妝色，整個臉部的妝色之間也要取得平衡。只有做到了自然、立體、平衡，妝容才能真正揚長避短，塑造更完美的形象。

彩妝原則——自然、平衡、立體

　　女性化妝是為了讓自己看上去更加完美，化完妝之後最好讓整個妝容與肌膚融為一體，看不出化妝的痕跡，卻強調了個人的風格，這就是「自然原則」。

　　平衡是指色彩的搭配彼此協調，妝容的顏色以及妝容與服裝、配飾的顏色都要和諧統一。

　　立體原則是讓人的五官更加鮮明，富有層次感，突出優點，隱藏缺點。

瞭解膚色才能選對底妝顏色

　　底妝是打造自然妝容最基本也是最重要的一步。雖說粉底可以讓肌膚變得漂亮，但是粉底的種類和色澤如果選擇不當，結果也很容易適得其反。我們經常會看到某些女士為了追求白的效果，把臉弄得慘白，不僅沒有達到自己的目的，還成為大家的笑柄。那麼，如何選擇粉底才是正確的呢？

　　粉底的顏色決定著整體的效果，才能自然美化膚色。選擇粉底的時候最重要的原則是要與膚色接近，當二者相近的時候，才能達到自然美化膚色的效果。在選擇粉底顏色的時候，化妝的類型也是非常重要的參考因素。

　　選擇粉底的時候首先要考慮的是膚色的深淺和皮膚的色調，原則上是與膚色相近，選擇不當就會像戴了面具一樣。如果膚色偏黃的話最好選擇黃色調的粉底，紅色調的膚色

則應該選擇略帶淡紅色的粉底。

　　選擇粉底顏色的時候，膚色要以經過潔膚、護膚之後的膚色為准，另外要在光線明亮的地方挑選粉底，防止光線的演色性影響我們的選擇。挑選兩三種接近自己膚色的粉底試用。這裡要提醒大家的是，買粉底的時候一定要試用，不要想當然的認為自己一定合適。

　　拿到粉底之後，把與自己膚色相配的粉底輕輕抹在下頜，然後選擇最適合臉部和頸部自然膚色的顏色。

　　如果已經上妝，最好在耳朵前方局部卸妝後再試。一般大家會選擇與自己膚色最接近的顏色，不過比膚色稍深一號的粉底也可以嘗試，因為這樣的粉底可以打造更加立體的妝容。

　　臉色蒼白的話最好選用略帶淡粉的肉色粉底；蠟黃色的皮膚需要用粉紅、玫瑰紅的粉底來增加光彩；象牙白的皮膚就可以直接選擇最接近膚色的粉底；紅潤的皮膚最好選擇肉色粉底，不要再添加紅色。

　　如膚色有特殊色調，如臉頰上有兩塊高原紅、臉色太黃或太暗，要在選定的基色上混合其他顏色來修正膚色。需要注意的是，深顏色的皮膚絕對不要依靠淺色粉底來達到美白目的，會讓皮膚變得暗淡。皮膚過暗的話，最好選擇透明感強的粉底。

　　合適的粉底還要考慮妝型。當需要化淡妝的時候，應該在自然光線下選擇與膚色相近的顏色，這樣才會顯得自然

清新；如果需要化濃妝，粉底的隨意性就比較強了，需要根據特殊的需要來選擇。如果是晚妝，為了能夠在暗淡的光線中突出自己，最好選擇比膚色亮的粉底。

選擇合適的粉底還可以修飾臉型，主要是運用明、暗色來修飾臉型的寬窄。如果兩頰過寬或者顴骨很高，可以利用比膚色深一點的粉底來修飾；如果額頭較窄、顴骨扁平、下巴過短，可以用白色或者亮色的粉底來修飾。不過用來修飾的粉底與原粉底的接縫處要均勻柔和，過度自然。

粉底色的選擇

粉底顏色決定著整體效果，只有粉底顏色與膚色接近才能自然美化膚色。膚色偏黃最好選擇帶有黃色調的粉底，帶有紅色感覺的膚色應該選擇略帶淡紅色的粉底。

選擇粉底的時候還要考慮妝型。化淡妝時應選擇與膚色最近的顏色；需要化濃妝的話，粉底可以根據特殊需要來選擇；若是晚妝，為了突出自己，最好選擇比較亮的粉底。

眼線顏色不同給人的印象不同

「眼睛是心靈的窗戶」，完美精緻的眼妝可以大幅度提升妝容的整體質感，讓愛美的女士瞬間電力十足，而眼線顏色的選擇可以說是點睛之筆。

眼線顏色選得好，無疑可以為眼妝錦上添花；如果眼線顏色選擇不當，就會大大降低你的品位，影響整體的美感。那麼什麼樣的顏色才是最保險的呢？不同的眼線顏色又會給人帶來什麼樣的印象呢？

黑色眼線是使用頻率最高的，因為黑色的眼線最接近睫毛根部的顏色，看起來能夠與眼睛融為一體，比較自然。對於亞洲人來說，這一點尤其明顯，在趕時間的情況下不能仔細描繪眼影，那麼即使只畫上簡單的黑色眼線，眼睛就會變得神采飛揚。

不過，即使是簡單的黑色，由於粗細的變化以及搭配眼影的不同，也會給我們帶來不一樣的感覺。可用黑色眼線筆把整個雙眼皮塗滿，下眼瞼也勾勒出弧線，再搭配上銀灰色的眼影，這樣的裝扮讓人感覺清爽有精神；黑色粗眼線與棕色眼影搭配則顯得性感迷人，雖然誇張，但是充滿時尚感，很適合出席派對；黑色的粗眼線與深灰色的眼影打造出迷離的煙熏妝，使整個人看起來嫵媚妖嬈，充滿吸引力。

而黑色的細眼線與淺棕色的眼影結合在一起則能夠打造溫柔又潔淨的眼妝；白色和紫色的眼影組合起來與黑色細眼線結合能夠使眼睛清晰有神，散發出淡淡的柔和氣質；而標準的褐色眼影與黑色細眼線搭配會給別人留下整潔有教養的印象。

除了黑色眼線之外，咖啡色或者棕色的眼線也是常見的顏色，這兩種顏色不會過於誇張，尤其是下眼線，整體能夠給人帶來乾淨自然的感覺，適合日常的妝容。

與黑色的眼線相比，棕色的眼線更能帶來溫柔的感覺，不會給別人壓迫感。不過，參加晚宴或者派對的時候，棕色很難打造出魅惑的感覺，它更適合日常的生活妝。

白色的眼線也是常見的顏色，不過很少單獨使用，一般都是與其他顏色眼線搭配使用。白色在視覺上有擴張的感覺，一般用在內眼角和下眼瞼處，用來放大雙眼。白色的內眼角和下眼瞼很容易打造出一種楚楚可憐的無辜感覺，

適合年輕的女孩。

除了上面提到的顏色，如今市面上也流行著很多不同顏色和效果的彩色眼線，這類眼線能夠展現特立獨行的風格，但是也會給人帶來很強的距離感，所以在用法和用量上要小心使用，儘量避免大面積使用，防止由於誇張而產生反面效果，最好是與其他的顏色搭配使用。

眼線色的選擇

黑色眼線是最常見的顏色，看起來比較自然，黑色眼線主要是透過粗細以及眼影色的不同來搭配出不同的效果。咖啡色或者棕色眼線也很常見，這兩種顏色用來描繪下眼線能夠給人帶來乾淨的感覺，用於上眼線則給人帶來溫柔的感覺。

白色眼線很少單獨使用，一般都是與其他顏色的眼線搭配使用，適合打造楚楚可憐的感覺。

選對眼影色彩彰顯個人魅力

眼影的作用是賦予眼部立體感，並透過色彩的張力來讓整張臉龐顯得嫵媚動人。眼影可以分為影色、亮色和強調色三種。

影色是收斂色，應該塗抹在希望顯得凹的地方或者希望顯得狹窄的地方，影色一般都是暗色，包括暗灰色、暗褐色；亮色，也叫「突出色」，塗在希望顯得高和寬闊的地方，亮色一般是發白的，包括米色、灰白色、白色和帶珠光的淡粉色等等；強調色沒有限制，可以是任何顏色，它的使命就是明確的表達自己，吸引別人的注意力。

強調色一定要與自己的服飾和唇色相協調。比如，藍色、褐色作為強調色可以給人漂亮、時髦的感覺；紫色則讓人顯得溫和、幽雅；桃紅色看起來嫵媚動人；綠色則給人帶來春天般的清爽和活力。

　　每個人都有自己的個性和特點，所以在選擇眼影色彩的時候我們應該揚長避短，讓色彩為我們服務。

　　眼角上揚的人看起來精明幹練，但過於上翹則會讓別人感覺到刻薄。此時用一些溫和的眼影來柔化眼部線條。與青色或者綠色這樣的冷色相比，紅色或者紫色會更合適一些，在外眼角處，可以用深色，從眼睛中間到外眼角的部位則可以使用淺一點的顏色。

　　下垂的眼形往往給人帶來清純的感覺，但是如果過度下垂看起來會很憂傷，沒有活力，此時也可以用眼影來打造充滿活力的眼妝。

　　與上揚的眼角相反，眼角下垂的話要儘量避開明亮、柔和的顏色，最好選用青色或綠色這樣的冷色系。畫眼影的時候要首先從眼角部位開始畫起，最初的時候要畫得稍微細一點，隨著越來越接近眼角部位，眼影要逐漸上揚，形成眼睛上揚的效果。

　　金魚眼又叫「泡泡眼」，眼瞼看起來比較腫脹，所以看起來總是一副睡不醒的樣子，沒精打采的。此時要注意的是不要選擇粉質的眼影，否則會讓產生眼睛更加腫脹的錯覺；應該選擇油質眼影，顏色最好是褐色或灰色，這樣的顏色是後退色，可以讓眼瞼看起來向後，進而減輕「腫脹」的狀態，同時要注意眼影的濃度，不要塗得太過厚重。另外可以用粉質的眼影在眉毛下方添一點點亮色，在眼部形成層次感。

以演出《那些年，我們一起追的女孩》成名的女星陳妍希眼瞼就比較突出，這樣的眼形給眼部的化妝提供了充裕的空間。這樣的眼形很適合煙熏妝，加強上睫毛區域的眼線也可以縮小眼瞼突出的部分。

小眼睛當然不是什麼缺點，但是當今社會的人都以「眼大為美」。小眼睛美女為了讓眼睛看起來大一些可以試試下面的方法。首先在整個眼皮上塗上亮色眼影，這可以讓眼睛看起來更加清爽，然後從眼睛的1/2處往後塗深色眼影，這可以有效拉長雙眼；為了進一步放大雙眼，我們還可以沿著內眼角到眼尾的方向畫上1/3距離的深色眼影。

如果眼間距過近，不妨學習一下珍妮佛・安妮斯頓，用冷色、白色系眼影或帶有閃光的裸色系眼影來打造眼妝。在外眼角處適當塗點睫毛膏，可以使大家關注的焦點向外眼角轉移。

如果眼間距過遠，可以學習《阿凡達》的女主角佐伊・索爾達娜的化妝技巧，可以在眼角處塗抹深色眼影，然後用黑色眼線筆勾勒內眼角的位置，也可以用睫毛膏梳理內眼角微小的睫毛來達到理想效果。

化妝類型不同，眼影的顏色也不一樣。生活妝要塑造自己充滿親和力的一面，所以眼影色要柔和，搭配簡潔，使用單色也可以。淺咖啡色搭配米白色顯得樸素；藍灰色搭配白色顯得脫俗；紫羅蘭色配銀白色，妝色顯得脫俗嫵媚；珊瑚色配粉白色，妝容顯得活潑喜慶。

　　參加晚宴最好選擇對比性強的眼影色來進行搭配。深咖啡色配淺咖啡色、橙色，妝容顯得熱情、有活力；灰色配紫色、銀色，妝色典雅；藍色配紫色、銀白色則能夠打造冷艷的美人形象。

眼影色的選擇

　　眼影可以根據眼形的特點來選擇。眼角上揚的人會給人刻薄的感覺，應該用一些溫和的眼影柔化眼部線條，比如紅色、紫色等；下垂的眼睛讓人感覺沒有活力，可以用青色、綠色這樣的冷色系眼影來打造眼妝，使眼睛充滿活力；眼瞼腫脹的眼睛看起來總是沒精神，應該選擇油質的褐色或灰色眼影來減輕腫脹感。

合適的腮紅讓人神采奕奕

　　腮紅是彩妝中不可缺少的一部分，一直是很多女性朋友用來提亮膚色和顯示活力的法寶。

　　千萬別小看這一抹嫣紅的作用，這一抹嫣紅不僅能夠營造白裡透紅、神采奕奕的好氣色，而且還能夠改善臉型和輪廓的不完美，突出自己的個性。不過，腮紅如果使用的不好，很容易畫出非常誇張的妝，讓人感覺像是在唱戲一樣，非常尷尬。腮紅塗得是否自然，最重要的原則是「寧缺毋濫」。

　　腮紅塗得少，對妝容不會有大的影響，但是如果太多或者與臉部的彩妝不協調，就會破壞整體的化妝效果。

　　對於皮膚白皙的女性來說，淺色系的腮紅很適合她們，比如淡粉色或者淺桃色等等。這樣的顏色最容易與白皙的臉部融為一體，看起來自然柔和，就像自身皮膚的顏色和

光澤一樣。

亞洲女性的皮膚普遍偏黃，亮粉色、玫瑰色以及金棕色都是適合黃色肌膚的腮紅色。這樣的顏色能夠中和皮膚本身的厚重，消除不健康的膚色，看上去充滿健康活力。

不過，有些亞洲女性的臉部會看起來發紅，尤其是在臉頰部位，有些可能還存在「高原紅」。這樣的女性最好避免玫瑰色腮紅，因為自身的膚色配上這樣的腮紅，很容易把自己打造成一個「醉鬼」。

在生活中，小麥膚色又被稱為「健康膚色」，這樣的人看起來雖然比較黑，但是皮膚卻很通透健康，有光澤。這樣的人可以選擇橘紅色、橄欖色或者深桃紅色的腮紅，這樣的顏色可以調整膚色，讓人看上去比實際稍微白皙一點，同時還能夠讓健康膚色的人個性十足。

深桃紅色腮紅可以讓人看起來活潑卻不失莊重；而橘色的腮紅與金棕色的妝容相得益彰。需要注意的是，健康膚色是一種很有個性的膚色，不要為了追求美白的效果而失去了自己原有的長處。

皮膚比較晦暗的女性則適合大紅色、酒紅色或者深紫色的腮紅，我們並不需要用這樣的顏色去遮蓋膚色或者瑕疵，只要確定哪種顏色讓自己看起來更加光彩照人就夠了。

在有些場合中，如果只使用一種腮紅會顯得很僵硬，此時可以選用深淺不同的兩種腮紅搭配使用，這可以讓臉頰看上去瘦一些，棱角分明。那麼如何化混合型腮紅呢？首

先噘起兩腮，在臉頰最凹陷的地方塗上顏色比較深的腮紅；隨後在顴骨以及下頜塗上顏色稍淺的腮紅，這是最簡單的層次化妝法。

為了讓鼻子看起來立體一些，我們可以在鼻梁上淡淡地掃一層淺色腮紅，在鼻翼兩側掃上顏色比較深的腮紅，強化鼻子的高度。需要注意的是，這兩種不同顏色的腮紅都要接近自身臉頰的顏色，否則化出來的妝會十分誇張。

為了讓整個妝容看起來自然，腮紅儘量不要選擇太亮或者太暗的顏色，最適合的腮紅顏色應該和你臉頰的自然色調相同，這樣的腮紅才能夠打造出一種自然、柔和、健康的膚色。

腮紅色的選擇

皮膚白皙的女性很適合淺色的腮紅，整體看起來自然柔和，就像皮膚自身的顏色和光澤一樣；膚色偏黃的女性適合亮粉色、玫瑰色以及金棕色的腮紅色，它們可以消除不健康的膚色，讓皮膚看起來充滿活力；皮膚發黑的人可以選擇橘紅色、橄欖色或深桃紅色的腮紅；皮膚晦暗的女性適合大紅色、酒紅色或深紫色的腮紅。

選擇合適唇彩營造專屬唇色

　　有人說，「唇膏讓女人的唇部變得性感、富有靈氣」，這從一個角度說明了唇膏的重要性，它是女人化妝的時候不可缺少的一個單品。事實上，唇膏的顏色是讓唇部變得性感的決定性因素。下面我們就根據膚色和風格來教大家挑選最合適的唇膏顏色，演繹自己獨有的味道。

　　皮膚白皙的人不太適合顏色淺淡的唇膏或唇彩，淺淡的唇色配上淺淡的皮膚會給人很沒精神的感覺，這樣的人最好使用鮮艷一點的顏色，鮮艷的橙色或者嫩粉色等明亮的唇膏顏色都很合適。塗唇膏的時候只要在唇中央簡單地塗一點稍濃的色彩然後再自然暈開就可以了。

　　皮膚偏黃的人最好使用帶有黃色調的橙色或者茶色的唇膏或者唇彩是比較合適的。然後可以用近似色調的唇彩來調整唇色的柔和度。需要注意的是，一定不要使用帶有冷

色調的唇彩，這會讓你的臉色看起來十分難看。

如果膚色比較紅潤的話，可以選擇色彩比較鮮明的唇膏，塗抹時候不要模糊唇部的輪廓線，要展現出清晰的唇形。

小麥膚色的人最好選擇濃烈或者淺淡的顏色，這樣的顏色最能夠打造精神煥發的形象。如果想展現自己的個性，可以使用帶有金色或者亮粉效果的唇彩。

下面我們按照風格來介紹一下如何挑選唇膏顏色。

如果想要走自然清新風，最好使用茶色系唇膏，這是一種萬能色，不僅適合各種膚色，任何妝型，而且還能彰顯高雅氣質。

如果你想要展現自己幹練大方的一面，那麼你最好使用晶瑩亮澤、讓人驚艷的大紅色唇膏。這種唇膏雖然看起來過於艷麗，但是使用得當的話就可以成為提升自信的法寶。在舉行重大會議或者商務談判的日子，不妨試一試。

如果你出席宴會或者約會的場合，可以使用玫瑰色系的唇膏。使用含珠光的玫瑰色唇膏或唇彩，可以令雙唇更加熠熠生輝。

如果想要打造出活力四射的亮麗外表，我們最好選用粉紅色系的唇膏。粉紅色系有很多顏色，膚色白皙的女性最好選擇比較深的粉色，膚色偏黃的女性最好選擇柔和的粉色。

無論出席什麼樣的場合，需要打造什麼樣的形象，選擇唇膏的時候一定要選最能襯托膚色的顏色，否則唇部色彩就會成為整個妝容的敗筆。

唇彩色的選擇

膚色是選擇唇彩色的重要參考。皮膚白皙的人不適合顏色淺淡的唇彩，否則會看起來沒有精神；皮膚偏黃的人適合帶有黃色調的橙色或茶色，一定不要用冷色調的唇彩，這會讓臉色十分難看；膚色紅潤可以選擇顏色鮮明的唇彩，並且唇形輪廓一定要鮮明；皮膚偏黑的人最適合強烈的色彩，濃烈或淺淡都可以，這樣的顏色最能打造精神煥發的形象。

不同的指甲顏色打造多變印象

　　隨著美甲潮的興起，越來越多的女孩子加入了美甲大軍中，但是想要指甲顏色為自己的整體錦上添花還是需要一些關於甲色的基本知識的，要符合自己的身分和膚色。只是看到好看就往手上塗，甲色很可能會成為整體裝扮的減分項。

　　安靜穩重的辦公室職員可以準備典雅的紅色、淺粉色或者半透明的指甲油，這兩種顏色可以給人清新自然的感覺，而且無論工作環境和氛圍如何，它們都能夠與周圍環境和諧統一在一起。

　　經常出席商務場合或者其他隆重場合的女高階主管可以準備一系列咖啡色的指甲油，然後再根據當天的場合和心情來挑選顏色。對於工作總是很忙的人來說最好選擇淡粉

色的指甲油，這樣的顏色看起來即使剝落也不會斑斑駁駁引起尷尬。

總是需要參加晚宴或者社交活動的人可以多準備一些金色、紅色或者紫色等具有華貴質感顏色的指甲油，這樣的顏色能夠閃耀全場。

指甲油的顏色還要與手部的肌膚顏色相協調。手部偏黃的人會給人一種病態的感覺，尤其是在衣服顏色很深的冬季，這種病態更加明顯。這樣的人適合棕色系的指甲油，這種顏色可以從視覺上提亮手部肌膚顏色。如果想要更加引人注意，可以嘗試一下橘色指甲油。

皮膚黑的人想要給人精神矍鑠的印象，指甲油的效果也不可忽視。可以嘗試閃閃發光的金色或者古銅色，也可以試試耀眼的大紅色，總之一切亮麗而濃烈的色彩都會與手部肌膚相互輝映。

白皙的手部皮膚適合一切顏色，在肅殺的秋冬季節，可以選擇鮮艷的玫瑰色來點亮自己的心情。紅潤的皮膚可以給人帶來健康的感覺，但是手部皮膚發紅則會讓人誤以為浮腫，可以選擇一些淺色的指甲油來平衡色彩。

其實，如果指甲油選得好，它還能夠修飾我們手指上的缺陷。比如淺色的指甲油可以讓指甲顯得纖長，適合指甲短小的人；如果手部的皺紋比較多，可以用鮮艷的指甲油來吸引注意力，防止人們把注意力放在手部的皺紋上；對於指甲比較扁平的人來說，塗指甲的時候不要塗滿，兩邊

可以各留一點邊，同時注意要選擇和服飾妝容相配的顏色。

指甲色的選擇

手部皮膚顏色是選擇指甲油顏色的參考指標。皮膚白皙適合一切顏色；手部偏黃適合棕色系指甲油；皮膚黑的人可以用金色、古銅色或者大紅色來表現精神矍鑠的印象；發紅的手部皮膚適合用淺色的指甲油來平衡。

生活裸妝，自然知性百搭妝

　　裸妝就是看不出來化過妝的妝容，沒有化妝的痕跡，但整體看起來卻比平日精緻了許多，這就是裸妝給人的印象。裸妝，幾乎適合任何場合，不管是好萊塢的大牌明星，還是清純的鄰家小妹，不管是出席商務場合，還是與男友的約會，裸妝都不會出錯。

　　化裸妝的時候，粉底一定要輕薄。要在自然光下找到與自己的膚色最接近的粉底，液態粉底一般比較薄，乾濕兩用的粉底也可以嘗試。化妝的時候要在化妝棉上噴上一些化妝水，然後再把粉底倒在海綿上。當然你也可以用手來打底，不過用海綿來推粉底比用手直接推要均勻、輕薄。在這樣的底妝上撲上薄薄的蜜粉可以固定妝容。

　　在粉底的選擇上，膚色依然是主要的參考標準。白皙的膚色最好選擇粉色系的粉底，這樣看起來會比較和諧，令

　　肌膚白裡透紅，顯得柔嫩嬌媚；偏黃的膚色最好選擇帶有黃色調的粉底，用杏色的粉底來調整自己的膚色會讓自己顯得健康動人，整體妝容最好是以柔和的中性色或者金色為主色調。

　　健康型膚色如果想要擁有完美的裸妝效果，可以選擇比膚色亮一度的粉底，這樣能給人帶來一種健康的活力之美。偏棕色的皮膚最容易打造國際化的裸妝，選古銅色為主色調不需要過多修飾就可以畫出國際化裸妝。

　　裸妝講究清新自然，所以不適合使用眉筆，最好選擇比自己的眉毛顏色淺一號的眉粉輕輕刷在眉毛尾部。只要按原有眉形描畫就可以，不需要刻意地修飾。隨後可以在眉骨下面打些淡色的眼影，讓眉骨突出，層次分明。

　　對於任何一個妝容來說，眼妝都處於十分重要的地位，裸妝也不例外，裸妝對眼妝的要求是明亮清澈。以棕色的眼珠為例，可以現在眼瞼上打一層淺咖啡色的眼影，然後同樣位置打一層咖啡色的眼影，最後在下眼線描一道淡淡的咖啡色，這樣就與棕色的眼珠十分和諧。

　　刷睫毛膏的時候可以把上睫毛刷得深一點，下睫毛刷得淺一點，這樣可以讓眼睛看起來更明亮。

　　即使是乾淨透明的裸妝，腮紅也是不可少的一步。選好顏色之後，用大號粉刷將腮紅打在兩側的臉頰上，刷子越大，刷出的顏色越自然。

　　裸妝的唇彩很簡單，選擇一款光澤度很高的透明唇彩製

造出水潤效果就可以了。至此，一款清新百搭的裸妝就完成了。

要充分發揮裸妝的自然風格，還要有合適的髮型和服飾來搭配。與裸妝最速配的髮型是馬尾辮，乾淨俐落，可以加強自然健康的感覺。另外，蓬鬆隨意的卷髮也是不錯的選擇，可以讓你看起來更有韻味。

裸妝自然清透幾乎可以和任何風格的服飾搭配，不過，過於華麗的服裝色彩會讓裸妝黯然失色，需要配合服飾的色彩對妝容進行調整。

裸妝的色彩要點

裸妝的粉底一定要薄。白皙的膚色適合粉色系的粉底；黃色肌膚適合帶有黃色調的粉底；黑色皮膚最好選擇比自己的膚色亮一度的粉底；偏棕色的膚色適合古銅色粉底。

裸妝的眼妝要清新自然，眉色可以用比眉毛淺一號的眉粉，用淡色的眼影突出眼部層次。

腮紅和唇彩可以參照前面提到的腮紅色和唇彩色的章節來選擇。

灰色格調能夠顯示專業性

　　灰色是介於黑色與白色之間的中間狀態，受很多注重生活品質的人的喜愛。而灰色的妝容往往可以顯示出女人知性專業的一面，往往更容易在不知不覺中鎖定其他人的目光。因此這種妝容非常適合白領女性，不僅展現專業性和知性，而且淡雅低調又不失時尚感。

　　英國影星菲麗希緹‧瓊斯就善於用灰色來表現自己知性的一面，尤其是走紅毯的時候，她經常用灰色。最常見的就是用灰色的眼影，染在上、下睫毛的根部，然後把深色的眼線拖到外眼角處，最後在此處用金棕色的眼影暈開。

　　不過，白領女性可沒有專業的化妝團隊，所以大家常常會有這樣的疑惑，灰色調的眼妝總是看起來髒髒的，化完妝之後完全不像模特的妝容那樣精緻。那麼如何才能打造出適合東方人的完美的灰色調妝容呢？

　　彩妝大師建議東方人在選擇灰色調的眼影時最好不要選擇銀灰色，接近黑色的炭灰色最適合亞洲人用來修飾眼部。這是因為銀灰色顏色淺，本身眼部就有些腫脹的人群塗抹了銀灰色之後會顯得更加腫脹。

　　不過，這也不是說銀灰色是完全不能用的，而是說銀灰色不能作為主色調，它可以作為陪襯色出現在我們的灰色格調妝中。與銀灰色相比，炭灰色更適合東方人，修飾眼部的效果更加明顯。

　　炭灰色眼影的顏色比較暗，明度也很低，為了避免出現難看的「熊貓眼」，最好不要一次性塗抹過多的眼影粉末。塗抹的時候每次都儘量少取，多塗幾次，讓顏色一層一層地疊加在眼瞼上方的部分，這樣不僅可以避免熊貓眼，而且可以使眼部的妝容更有層次感。

　　灰色格調妝要求乾淨通透，所以底妝一定要自然通透，我們首先要選擇最接近膚色的自然色粉底液來調整膚色，薄薄地打上粉底之後，要能夠展現出肌膚的質感。

　　打底之後，我們可以選擇用灰色調的眉筆來勾畫眉毛顏色，再用小號眼影刷沾上炭灰色眼影來修飾眉形。隨後用眼影刷將炭灰色眼影大面積掃在眼窩處。

　　為了增加眼睛的深邃感，塑造眼部的立體效果，靠近睫毛根部的顏色要重一些。可以用炭黑色的眼影來代替眼線筆描畫下眼線，再用小號眼影刷沾取灰黑色眼影沿睫毛根部位描畫出粗眼線的效果。

由於灰色格調妝的妝容比較淡，所以腮紅顏色也不要選得太重，整個妝容要突出重點。另外，灰色給人一種冷冷的感覺，如果唇妝和腮紅也選擇冷色調，則會給人「拒人於千里之外」的感覺，如果你的職業需要親和力，唇妝和腮紅一定要選擇暖色系，這樣會讓你在幹練的同時顯得親切。

灰色調的妝容搭配蓬鬆的卷髮和中性的衣服，可以讓妝容的時尚感表現得淋漓盡致。

灰色妝容的化妝要點

灰色調的底妝一定要自然通透，粉底一定要選擇最接近膚色的粉底。

灰色妝容的眼妝部分要使用灰色眉筆來勾畫眉毛顏色，眼影最好選擇炭灰色，一層層塗抹，既保持妝容的乾淨，又塑造層次感。由於整體色調偏冷，所以唇妝和腮紅最好選擇暖色系。

妖媚小煙熏助你成為聚會焦點

　　某位女明星片中飾演的角色是影片中的一個亮點，而她的暖棕色煙熏妝有著擴大眼型的作用，咖啡色的眼影暈染在眼窩處，下眼皮也做了適當的勾勒，這樣的妝容讓女明星看起來自然大器。即使是在工作時間，這樣的妝容也不顯突兀。

　　其實，咖啡色煙熏妝是經典煙熏妝的變形，最經典的煙熏妝是以誇張的黑色眼妝為主。煙熏妝又被叫做「熊貓妝」，以眼妝為重點。

　　煙熏妝創造性的把眼線和眼影在眼窩處瀰漫成一片，看不到眼線和眼影之間色彩相接的痕跡，看起來就像煙霧，由於煙熏妝常常以黑灰色為主色調，看起來像是被炭火烤過一般，所以被形象的稱為「煙熏妝」。

　　一般來說，煙熏妝總給人一種比較誇張的印象，比較適合舞台。其實，這跟選用的眼影和上妝的輕重有關。目前，在比較誇張的煙熏妝基礎上發展而來的「小煙熏妝」，則更多的考慮了普通人的需要，能夠塑造一種妖媚但是又不過分張揚的形象。聚會的時候畫一個小煙熏妝，那真是再適合不過了。

　　其實煙熏妝也是非常適合東方女性的，幾乎所有的東方女性都適合。因為東方女性的眼窩不像西方人那樣深邃，而煙熏妝是非常能夠凸顯眼睛層次的化妝方法，效果恰到好處。尤其是三角形眼睛或者眼皮浮腫的人尤其適合，由於這類人的眼尾線條比較直，常常讓人感覺眼尾下垂，整個眼睛沒有線條的變化，很生硬。煙熏妝的重點就是加強眼部線條，讓眼睛看起來更加自然。

　　畫煙熏妝可以把皮膚的底色調得稍微白一些，讓臉部呈現出頹廢的感覺。下面我們就要來學習最基礎最簡易的煙熏妝的眼妝部分了。

　　首先要把閃著金屬色的眼影霜輕輕抹在眼角和眼窩部位，這樣可以讓雙眼的妝色更加持久。隨後將深色眼影從下至上塗抹至眉骨處，然後將深色眼影沿著眼尾到眼頭的方向畫，這樣可以讓眼尾顏色更濃鬱、眼頭更輕柔的色彩感覺。

　　眉骨上方到眉毛這一小片區域要用淺色暈染。然後用小號的眼影刷在下眼線處塗上濃重眼影往外暈染。眼妝化好

之後，選擇適合自己膚色的腮紅和淡色的唇膏或唇彩完成整個煙熏妝即可。

需要注意的是，煙熏妝的眼妝雖然是以「黑」出名的，但是這種黑講究的是暈染和層次，有些女孩子圖方便直接用眼線筆劃上粗粗的眼線是不可取的，這樣會使妝容看起來很髒，建議剛開始學化煙熏妝的人最好先用筆狀的產品在眼皮皺褶處描上色彩，然後用手指把顏色往上推勻，這樣就會形成淡淡的小煙熏。

不論是什麼類型的彩妝，眼睛和唇部只能選擇一個作為重點，因此煙熏妝就不要在唇部或者腮部使用濃烈的色彩。

煙熏妝的化妝要點

煙熏妝最重要的是眼妝部分，不過眼妝的「黑」是講究層次和暈染的，應該一層層加深，而不要用眼線筆生硬地畫上粗粗的眼線作為煙熏妝的眼妝。

另外，妝容講究重點突出，眼妝和唇妝一般只有一個重點，所以煙熏妝的唇妝和腮紅最好淡一些。

粉紅蜜桃妝，傳遞幸福的戀愛感覺

當女性處於戀愛狀態的時候，總是會喜歡上粉色。而粉色也是最能襯托我們甜蜜心情的顏色，妝容還會讓自己看起來年輕漂亮，同時也可以向男朋友傳達自己甜蜜的心情，引起他的感情共鳴。所以，與男朋友約會的時候不妨化個以粉紅為主色調的妝來告訴所有人自己正處於幸福的戀愛中吧。

像這種既明亮又清涼的妝容，一定要有清透的底妝。上妝之前要先把臉部洗乾淨，拍上一些美白的化妝水，不僅可以舒緩肌膚，也可以讓妝容更加自然服貼。如果時間充裕的話，在上妝之前敷個美白面膜，效果更好。

然後選擇適合自己膚色的粉底，用噴上化妝水的海綿沾取粉底，輕輕拍打臉部，將粉底均勻地塗在臉上。要注意

的是，粉底一定要輕薄，只有這樣才能塑造出乾淨水潤的臉頰。如果你的皮膚比較暗淡，可以試試加了珠光效果的粉底液，它可以讓你的氣色立刻變得明亮，肌膚還能散發出自然透亮的光澤。

粉底打好之後，可以用遮瑕霜把臉上的瑕疵掩蓋一下，再用蜜粉定妝。蜜粉一定要選擇質地均勻細薄的，用海綿質地的粉撲就可以輕鬆上妝了。

要注意：掃蜜粉的時候一定要向上順著肌膚紋理的方向，用力要均勻，不要來回擦。另外，下巴、眼下和兩頰這幾個地方更容易被汗漬沖髒，可以稍微塗得厚一些。

畫眉毛的時候，我們最好先用淺棕色的染眉膏把眉毛變成棕色，然後再用同色的眉粉修一下眉形就可以了。畫眼影的時候，我們首先要選擇深桃紅色的眼影，緊貼睫毛畫到眼睛一半的位置，然後再用淺粉色的眼影畫剩餘的一半，並輕輕向上掃。

下眼皮的部分可以用淺粉色的眼影覆蓋，使整個眼部更有立體感和層次感。這款粉嫩蜜桃妝的重點在於勾勒眼睛形狀，一定要避免妝容過重，否則會讓人產生距離感。眼線在這款妝容中並不是重點，只要畫上一條黑色的細眼線就可以了，下眼線可以忽略。睫毛同樣也不能太濃密和誇張，最好根根分明，這樣可以使眼睛看起來水汪汪的。

粉紅蜜桃妝的妝容最重要的就是腮紅了，一定要選用最純正的桃紅色，從下眼影部分開始，可以一直掃到太陽穴

的地方。要想有水蜜桃般的好氣色，腮紅最好選擇啞光色，這樣才能塑造最自然的粉紅色。

對亞洲人來說，最容易顯年輕的顏色是粉橘色，目前流行的多色腮紅也適合亞洲人的輪廓，可以塑造臉龐的立體感。畫好腮紅後再塗上桃紅色的唇膏，一款粉嫩的蜜桃妝就完成了。

粉紅蜜桃妝的化妝要點

與煙熏妝相反，蜜桃妝的化妝重點在於腮紅和唇彩，腮紅一定要選擇最純正的桃紅色，唇膏也要選擇桃紅色，兩相呼應，讓整個臉部呈現甜蜜的感覺。而作為非重點的眼妝，眉色和眼影最好選擇淺淡的顏色。睫毛和眼線也不要過於誇張。

清純淡妝，激起他人保護慾

總是頂著大濃妝出門，會給人帶來距離感，就像是一個無所不能的女王，不需要任何人的關懷和保護；而清純的女孩則像是一個不諳世事的公主，而大家也會被這種清純吸引，當她遇到困難的時候大多數都會伸出援手。如果想要改變一下氣場，感受一下被別人保護的滋味，不妨來化個清純的淡妝。

關於淡妝的效果，大家可以參考《神話》中金喜善的妝容。金喜善有著光潔的面容和無邪的眼神，搭配幾乎看不出來的淡妝，清純中透出憂傷的樣子，讓人產生愛戀疼惜的感覺，她也以這一造型再一次成為整個亞洲的偶像。

那麼，平常人能否擁有這樣清新淡雅的妝容呢？當然可以！化淡妝的第一步同樣是打底，可以用濕潤的海綿沾取一點粉底液沿著臉部自然生長的方向從鼻翼往兩頰的方向

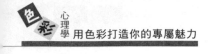

按均勻，打造出服貼透明的底妝。塗粉之前同樣要先在海綿上噴上水，太乾會讓粉底掉渣，太濕就會變成「粉泥」，把海綿噴到八成濕最合適。

撲完粉底之後，如果臉上有瑕疵，可以用遮瑕筆直接點在皮膚上，也可以用小刷子或者無名指，把遮瑕膏暈開，讓它與周圍的底妝融為一體。

化眼妝的時候先用眉筆輕輕填補空缺的眉尾，然後掃上與髮色最接近的眉粉。既然是清純淡妝，眼影就非常簡單，選擇裸色的眼影刷在上下眼瞼就可以了，這樣可以讓眼睛看上去更有神采。

為了保持妝容的簡潔，只要用眼線筆把睫毛根部填滿即可，如果睫毛濃密也可以不畫眼線。睫毛只要掃上一層睫毛膏即可，千萬不要塗得過重。

根據前進色和後退色的原理，我們可以在鼻粱部位畫上一道明亮的眼影粉，這樣可以讓鼻子看起來直挺。最後記得在臉頰上掃上一點腮紅，顏色選擇要適合自己的膚色。

既然是清純的淡妝，嘴唇的顏色也不要過於濃艷，可以選用粉色或者橘色的唇膏來打底，然後再用唇彩在表面淡淡的塗上一層，打造出粉嫩水潤的果凍型嘴唇。

清純妝的化妝要點

　　清純妝的重點在於粉底要薄，眼、唇以及臉頰只用淡雅的顏色來點染就可以了。這種妝容能夠讓肌膚呈現出天然的美感，顛覆了以往化妝給人帶來的厚重感，是時尚界人士的新寵。

　　另外，清純妝幾乎適合各種人，尤其是那些膚質本來就不錯的女性。

清新藍綠色，充滿活力的休閒妝

　　如今的女性大多數是職場中人，平時的工作非常辛苦，到了週末或者假期，她們期待著能夠給自己的心靈放個假，喜歡用各式各樣的休閒娛樂方式來緩解疲憊的身心和巨大的壓力。想要在休閒時間一展身手，表現得活力四射，清新的藍綠色調妝容是一個很好的選擇。

　　深邃的海軍藍是最能夠展現清爽和活力的顏色之一。我們可以用海軍藍的眼影筆在睫毛根部勾畫，也就是用海軍藍色的眼線來代替黑色眼線，打破沉悶。

　　由於海軍藍是深色，能夠讓人感覺到壓力，所以眼妝部分就不要過於強調，只需要這樣就可以了。腮紅也不要用很濃重的顏色，這樣會打破眼線的重點。唇色可以用珊瑚色來搭配。

　　藏青色也是一種能夠展現活力的藍色，不過這次我們是把藏青色用在睫毛上。首先把整個眼窩塗成淺米色，然後緊緊貼著眼睫毛根部畫上一條細細的眼線，眼尾輕輕上挑，讓眼睛顯得大而自然。然後用茶色的睫毛膏打底，從根部將睫毛塗捲，塗抹兩遍。待乾透之後，再塗上藍色的睫毛膏，透過與茶色的混色作用，睫毛變成藏青色，眼睛看起來更加深邃。腮紅和唇部不做妝容的重點，不需要塗抹得很濃艷就可以呈現休閒的形象。

　　綠色和藍色結合同樣可以打造出完美的活力妝。用綠色眼線筆畫出上眼線，下眼線在眼尾1/3處用灰綠色輕畫；下眼瞼則選用藍色來做眼影，這樣的顏色搭配尤其適合夏天。如果選擇了這樣的眼影，我們就應該使用藏青色眼線，避免黑色眼線，否則會顯得過於突兀。腮紅選擇粉橘色的腮紅，唇部可以選用具有裸妝感的駝色。

　　單用綠色也可以打造出充滿活力的休閒妝，而且濃淡可以呈現出完全不同的效果。橄欖綠是比較深的綠色，可以用橄欖綠的眼影膏塗抹在眼窩處，然後用灰綠色塗滿眼瞼，黃色可以塗在眉骨和橄欖綠眼影之間，用來塑造眼部的層次感。

　　比較淺的粉綠色可以用來塑造完全不同感覺的活力妝。首先可以用粉綠色畫出上眼線，然後用黃綠色眼影塗抹在上眼窩處，強調出層次。下眼瞼可以用金黃色來塗抹，然後用粉綠色的眼線筆畫出下眼線即可。

　　為了塑造充滿個性的妝容，上睫毛可以選用保守的黑色，而下睫毛可以使用誇張的翠綠色。

藍綠妝容的完美祕訣

　　藍色系顏色不太挑膚色，任何類型的人人都可以嘗試；而綠色系的要求則比較高，最好還是皮膚白皙的女士使用，皮膚黑的人使用會被綠色襯托得更加暗淡。

　　另外，藍綠色都是明度稍高的冷色系，為了讓眼睛看起來更深邃，眼線和睫毛最好用比較深的顏色來畫。這種妝容眼睛是整體妝容的中心，所以就不要安排腮紅和雙唇來「搶鏡」，以清淡柔和為佳。

色彩萬花筒：玫瑰色口紅會打造出不健康臉色

　　玫瑰色的口紅非常漂亮，能給人帶來性感熱情的感覺，也能夠凸顯人的個性。正是由於玫瑰色口紅的種種優點，它成了最受人歡迎的口紅顏色。觀察周圍的女性，統計之後你會發現超過1/3的人都在用玫瑰色的口紅。

　　玫瑰色口紅的優點的確很多，但是如果膚色與玫瑰色不相配的話，它會讓我們的臉色看起來非常不健康，就像生了病一樣。玫瑰紅色能夠強調皮膚的黃色。暖色調的皮膚配上玫瑰色的口紅之後，臉色就會顯得更黃，口紅的顏色也因此而顯得過於刺眼。

　　而東方女性的皮膚中多數都帶有黃色調，因此玫瑰紅色的口紅並不適合我們。帶有黃色調的橙色或者茶色的唇膏或者唇彩反而更能調和我們的氣色，讓我們看上去精力充沛。

C K

Part 4

以色識人——
奇妙的色彩讀心術

M

Y

偏好色讓性格無處遁形

　　服飾店裡的衣服琳瑯滿目，你會如何選擇呢？估計絕大多數人都會選擇自己喜歡的顏色。不僅選擇服裝是這樣的，選擇其他的小商品或者雜貨時，這種傾向可能會更加明顯。

　　不過人們可能很難意識到是按照自己最喜歡的顏色選了物品。可能有人問你最喜歡的顏色是哪種的時候，你要思考良久才慢慢的說出一個答案，儘管買東西的時候你的手可能第一時間伸向那個顏色的商品。當然，也一定有人能夠在第一時間大聲說出自己喜歡的顏色。儘管大家的反應方式各不相同，但是相信所有的人最終都能夠說出自己偏愛的顏色。

　　大家喜歡的顏色五花八門，是不是也就代表了大家的內心情感豐富多彩，各不相同呢？在日常生活中，我們也發現喜歡同一種顏色的人大多有著相同的行為模式和思考方

式。也就是說，對色彩的偏好與每個人的性格之間可能存在著某些密切的聯繫。因此是不是可以透過一個人偏愛的色彩來分析他的性格呢？於是有些人帶著這個問題開始嘗試對人們的色彩好惡進行分析，進而判斷他的性格。

儘管人們已隱約知道偏好色與性格之間存在某種關聯，但是卻很難從科學的角度找到有力的證據。因此只能透過大量的觀察來進行推測和聯繫。

不過，透過這樣的推測和聯繫，我們還是成功獲得了一些色彩與性格之間的聯繫。喜歡同類顏色的人群身上的確存在著一些共通之處，比如喜歡紅色或者橙色衣服的人多數性格開朗、積極向上；而喜歡藍色衣服的人則比較理性，做事的時候喜歡循規蹈矩。如今已經有專家把偏好色與性格的聯繫系統化，並用這些方法來治療人們心理方面的疾病。

不過，人們對某種色彩的好惡並不是一成不變的，而是會隨著性格和心情的改變而出現變化。比如你今天想穿某種顏色的衣服，這表示這種顏色與你的心情一致，而第二天你不再想穿這種顏色的衣服了，則可能是因為心情發生了變化。

瞭解了色彩與性格的關係後，可以透過別人喜歡或厭惡的顏色來分析他的性格，還可以透過色彩來瞭解自己的性格，也許我們可以發現自己平時沒有注意到的一面。

就像我們前面提到的，有些人為了迎合他人的看法會壓抑自己內心真正的想法，甚至會改變自己的喜好；有時候

還會因為憧憬而鍾情於某種顏色，因此透過顏色來判斷他人性格的方法的可行性還有待商榷。不過，利用顏色來瞭解自己卻是可行的，不妨找個安靜地方，靜靜地思考一下自己最喜歡和最討厭的顏色，對照本書瞭解自己的性格，發現真正的自己。

色彩體現性格

喜歡同一種顏色的人常常具有相同的行為模式和思考方式，這也證明了對色彩的偏好與性格之間存在著某些密切的聯繫，所以可以透過研究一個人的偏好色來瞭解他的性格。

有些人會因為某些需要隱藏自己真正的偏好色，所以利用顏色來瞭解自己是最可靠的，找個安靜的地方想像自己對顏色的好惡，可以發現真正的自己。

精明自信或固執避世的黑色人性格

黑色是經常出現在莊嚴肅穆場合的顏色，最常見的是葬禮。這種顏色象徵著死亡、絕望、冤屈和不吉等，總之傾向於個人帶來強烈的負面感受。可是，黑色同時又是一種代表著永恆和神祕的顏色。

黑色一般代表著陰暗和令人討厭及忌諱的東西。幾乎全世界的人都認為黑色是一種不吉利的顏色，比如《哈利‧波特》中伏地魔使用的魔法叫做「黑魔法」；沒有做過任何壞事的黑貓也成了不吉利的象徵等等。正是由於這種負面的象徵意義，黑色似乎產生了一種神祕的威懾力，可以給人帶來壓迫感。

對於十幾歲以下的孩子來說，黑色會帶給他們強烈的不安和恐懼。不過隨著年齡的增長，人們會逐漸體會到黑色

中所包含的各種含義，此時，有些人可能會因為黑色的神祕而愛上它。

喜歡黑色的人大致可以分為兩類，一類是「善於運用黑色的人」，這類人一般生活在大城市中，是精明自信的代名詞。他們擁有打動人心的力量，能夠很好的處理各種棘手的局面。他們希望能夠帶給別人一種理性且充滿智慧的感覺。這類人還具有調動人力的才能，能夠信心十足的領導他人。

另外一類喜歡黑色的人，則是利用黑色來逃避現實的人。在挑選衣服的時候，選來選去最後還是會選擇黑色的人多數屬於這一類。這類人很在乎別人的看法，因此希望用黑色來營造一種神祕而脫俗的氣質，同時讓別人感覺到自己的威嚴。

他們害怕別人對自己品頭論足，認為只有穿黑色才會讓自己淹沒在人群中，不會太顯眼。這實際上是一種逃避心理。不過當他們有了自己的主張或者取得一些成功之後，又會變得十分自信，此時的他們聽不進旁人的意見和建議，討厭別人左右自己的想法，容易形成固執甚至偏執的性格。這類人不善於面對攻擊，當自己不被外界接受的時候就會產生抗拒和逆反心理。

如果平時不喜歡黑色卻突然開始關注黑色，此時要注意審視自己的心理狀態，因為外界的壓力過大的時候，人們會下意識的進行自我保護，而選擇黑色來逃避可能是自我

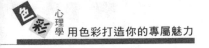
保護的一種機制。如果你身邊有人突然喜歡上了黑色，最好能與他多聊一聊天，讓他感受到溫暖和關心，並最終解開心結。

雖然喜歡黑色的人包括兩種不同的性格，但都不是從小就喜歡黑色的。喜歡上黑色是因為你的成長過程中發生了一些事情。如果能夠回想起過去的經歷，鎖定開始偏愛黑色的時間點，也許就能夠發現曾經的事情對自己的影響，進而更好的瞭解自己，把握人生。

黑色人性格

喜歡黑色的人可以分為兩類，一類是善於運用黑色的人，這類人很精明。他們擁有動人心弦的力量，能夠很好的處理各種棘手局面。

另一類是用黑色來逃避現實的人，他們很在乎別人的眼光，想用黑色來塑造自己的威嚴感。這類人聽不進旁人意見，個性偏執的居多。

憧憬美好、追求完美的白色人性格

　　白色在世界範圍內都被看做是崇高、神聖的顏色，受到人們的尊敬。在古埃及，白色是神的象徵色；在羅馬傳說中，天界的使者是穿著白色衣服的；在很多其他民族的故事和傳說中，用於驅魔的護身符多數是白色的，神的魔法被叫做「白魔法」。

　　亞洲人與白色也有著很深的淵源，民間有很多關於白馬、白蛇等白色動物的傳說，而且這些動物總是以象徵著真、善、美的形象出現。不過，白色還有另外一種意思，就是慘澹和離別。在中國，白色的衣服同樣也是葬禮等嚴肅場合常用的顏色之一。

　　在我國，傳統婚禮上新娘的禮服是紅色的，因為紅色在我國象徵著吉祥。歐美的女性結婚時，一般穿著白色婚紗，

這是因為白色象徵著純潔，是受人尊敬的崇高而神聖的顏色。白色婚紗是18世紀後半葉在歐洲流行起來的。不過日本使用白色作為婚禮服裝的顏色更早，從15世紀到16世紀的時候就有穿白色禮服的習慣。

在日本，白色不僅象徵了新娘的純潔無瑕，還代表著新娘在決定離開娘家的時候就預料到未來可能會遇到坎坷，她已經做好了不怕死的準備。

喜歡白色的人大多都有一顆純潔善良的心，一般是完美主義者。無論是愛情還是事業，他們都抱有很高的追求。喜歡白色的人做事認真，通常都擁有過人的才能，他們會向著自己的目標腳踏實地的努力。

由於對自己的期待很高，因此這類人常常會因為理想和現實的差距而陷入煩惱中，所以喜歡白色的人要注意給自己的心靈減壓，不要過度苛求自己。喜歡白色的人還容易感到孤獨，不妨試著敞開心扉，多與朋友交往談天。

如果你喜歡白色卻不是一個完美主義者，那麼你可能只是一個對白色充滿嚮往的人，希望自己能夠給大家留下深刻的印象。不過你並不希望以「人來瘋」的方式來贏得大家的關注，只希望能夠不聲不響的給別人留下印象。

此外，白色還是年輕的象徵。喜歡穿白色衣服的人，都很期待能夠找回流逝的青春，嚮往重新獲得過去的榮光，並在此引起關注或成為別人羨慕的對象。不過，這同樣是一種逃避現實的心理，需要及時進行心理方面的調適。

如果平日裡對白色不是很感興趣卻突然開始喜歡白色的話表示你內心在嚮往著某種聖潔的事物，渴望淨化自己內心中醜陋的部分，希望心靈能夠重生。這時候最好給自己安排一次旅行，重新認識和發現自己，並對自己遇到的事情進行深入的思考。

一般來說，很少有人討厭白色，即使是不關注或者不感興趣，但是也算不上討厭。對白色有厭惡傾向的人可能是因為白色會讓他們聯想起以前的不幸經歷。討厭白色的人有感情用事的傾向，辦事有些幼稚，遇到不合心意的事情可能就會馬上發怒或大哭一場。面對做錯的事情也缺少承擔的勇氣，會推卸責任。

白色人性格

喜歡白色的人都有一顆善良的心，是完美主義者。對生活抱有很高的追求。喜歡白色的人做事認真，會朝著自己的目標不斷前進。

不過喜歡白色的人有苛求自己的傾向，應該試著敞開心扉，為心靈減壓，學會平靜的接受理想和現實的差距。

成熟穩重、善於平衡的灰色人性格

　　灰色是界於黑色和白色之間的顏色，具有「中庸」的特性，隨著黑白比例的變化，灰色也有深灰和淺灰之分，色調範圍十分廣泛。

　　不同明度的灰色給人帶來的感覺差異很大，顏色比較深的灰色帶有黑色的氣質，給人消極、陰沉之感；而淺灰色則帶有白色的氣質，給人一種雅致、寧靜的感覺。

　　灰色是單色，一般不會有人偏愛這種暗沉的顏色，但是它卻具有優秀的突出其他顏色的能力。偏愛灰色的人在性格方面與灰色有著共通之處。他們的情緒平穩，沒有大悲大喜，心緒起伏很少，很少出現頻繁的波動，而它們的生活也散發著這樣一種平靜的氣息。他們不會給自己找麻煩，也不會衝動的去追求什麼，還會巧妙的避開各種人生障礙。

如果說喜歡黑色的人傾向於用黑色來阻擋外界壓力，那麼喜歡灰色的人則是利用灰色來減弱外界的壓力。

喜歡灰色的人大多數接受過良好的教育，知識豐富有教養，而且做事幹練。他們總是為別人著想，會把組織或者公司的利益放在自己之上。與拋頭露面為他人爭取權益相比，他們更喜歡做別人背後的支持者。

喜歡灰色的人大多數具有平衡局面的能力，因此很受企業和組織的歡迎。一般來說，喜歡灰色的年輕人很少，灰色更適合成熟穩重的人。

即使在充滿激情的戀愛中，喜歡灰色的人依然保持著自己的個性。他們喜歡享受平靜安穩的戀愛空間，對各式各樣的愛情遊戲不會動心，也不喜歡用吸引目光的手段去佔領對方的心，要讓他們上演街頭求婚簡直是不可能的。他們表達愛意的方式是在寒冷的冬天貼心的遞上一杯熱水，或者提醒你不要忘記吃早餐。喜歡灰色的人追求的是天長地久、細水長流式的愛情。

不過，喜歡灰色的人往往缺少突破自我、勇於開拓的精神，容易使自己陷入被動的境地，而他們又不善於使用語言來表達自己，因此很可能被迫做出選擇，聽從他人意見行事。

如果突然喜歡上灰色，可能是遭遇了令人感到失落的事情，比如事情不如自己想像的順利，內心充滿煩惱等等。這時候建議多使用一些亮色來放鬆自己的心情，有利於迅

速從消極的狀態中走出來，恢復曾經的活力。

灰色人性格

　　喜歡灰色的人情緒很少波動，他們不會給自己找麻煩，也不會去追求什麼。他們通常知識豐富有教養，做事幹練，善於平衡局面，能夠把集體利益放在自己的利益之上。

　　不過，喜歡灰色的人缺乏突破自我的精神，容易讓自己陷入被動，也可能會被脅迫琢磨些事情。

魯莽熱情、富有正義感的紅色人性格

　　紅色是非常受歡迎的一種顏色，在這一點上沒有男女之分。在東方的文化裡，紅色象徵著能量、熱情和喜悅，有的時候紅色還象徵著革命，代表了熱血和正義。不過，在西方的文化裡，紅色是暴力、血腥的象徵。

　　偏愛紅色的人大多性格開朗、活潑好動、好奇心強，極富正義感，對自己的興趣愛好能夠全心投入，對工作和個人的事情都會朝著目標勇往直前。

　　喜歡紅色的人總是充滿自信並且能夠積極的付諸行動。此外，喜歡紅色的人還很健談，說起話來總是手舞足蹈的。

　　不過喜歡紅色的人情感起伏比較大，可能剛剛還很高興，轉瞬之間就因為一件小事大發雷霆，這常常會讓旁人不知所措。

　　此外，喜歡紅色的人大多比較虛榮，經不起別人的奉承和巴結，一被表揚就會飄飄然。但是從另一個角度來看，這也代表了喜歡紅色的人心無城府，容易被別人一眼看透。喜歡紅色的人承受挫折的能力不是很好，遇到失敗或困難就會打退堂鼓，也喜歡把責任歸咎於別人或環境。

　　其實，只要多使用一些淡一點的紅色就可以讓人冷靜下來，彌補性格中的缺點。當然，適當調整紅色的面積也可以對心理產生良性的影響，同時也顯得更加時尚。

　　如果平時對紅色沒有興趣，忽然開始關注紅色的話，你要反思自己最近是否存在不滿和焦躁的情緒，因為在感覺到強烈的憤怒和不滿的時候也很容易喜歡上紅色。此時如果總是接近紅色，憤怒的心情不僅不會得到緩解，反而會讓自己變得更加憤怒，表現出更強的攻擊性，所以此時應該儘量避免接觸紅色。同樣的，如果感覺缺乏行動力的話，我們可以借助紅色來為自己增添信心。

　　如果缺乏自信的話也可以選擇紅色，紅色可以讓你由內而外的喜歡上自己。

紅色人性格

　　喜歡紅色的人性格開朗，能夠對自己的興趣愛好全心投入。他們總是充滿信心並且能夠積極付諸行動。他們對人毫無戒心，有可能會被人利用。

　　喜歡紅色的人情感起伏很大，做事很難堅持，常常三分鐘熱度。另外他們還是一群虛榮的人，很容易被善於奉承和巴結的人利用。

溫柔敏感、易受傷害的 粉色人性格

　　通常來說，在富裕的家庭中長大的、受到良好教育的人多數比較喜歡粉色。喜歡粉色的人一般性格溫柔穩重，是和平主義者。

　　不過濃淡程度與鮮艷度不同的粉色也代表著不同的性格，其中喜歡淡粉色的人溫柔優雅，具有高貴典雅的氣質，很會照顧他人，總是對未來懷有幸福的憧憬；而喜歡濃烈粉色的人在性格上比較接近喜歡紅色的人，有著巨大的精神動力，並且具有活潑熱情的一面。

　　粉色是女性的代表色，溫柔的象徵，很多公共女性場所也是用粉色來標識的。喜歡粉色的女性是心思細膩，懂得照顧別人的浪漫主義者，同時也是執著追求夢想，並能為之勤奮努力的類型。

　　她們性格沉穩卻非常敏感，由於沒受到過什麼挫折，所以很容易受到傷害。獨處的時候，她們總是沉浸在幻想中，嚮往著浪漫的愛情和完美的婚姻。電視電影裡面的完美愛情故事總是讓她們深陷其中難以自拔。這樣的性格讓她們有逃避殘酷現實的傾向，但是她們同時對未來充滿了希望，對生活很有信心。

　　當然，生活中也有一些男性對粉色有特別的偏愛，這類男性的性格往往比較溫柔，心胸也比較寬廣。其實，寬容之心和溫柔待人並不是喜愛粉色的男性所特有的，相反，幾乎所有喜歡粉色的人都擁有這一優點。不過，他們照顧別人的目的是希望能夠獲得別人的呵護，也就是說透過善待別人來讓對方更加關心自己。

　　喜歡粉色的人容易對各式各樣的事情產生興趣，不過卻不會主動去研究這件事情，可能會鼓動他人去瞭解這件事然後轉述給他，也不會自己動手去做。這表明喜歡粉色的人還有一種依賴他人的傾向。

　　粉色也被稱為「桃色」，這是因為它代表著「桃花運」，常常與愛情關聯在一起。如果一個女性原本對粉色並沒有特殊的喜好，但是可能突然有一天就愛上了粉色。這說明她期望得到某一位男性的關注或者陷入了熱戀中。此時，為了讓自己看起來更具有女性魅力，她會下意識的喜歡上粉色。

粉色人性格

粉色被認為是女性的顏色,這樣的女性生長在富裕的家庭中,一般性格溫柔,善於照顧他人,總是對未來充滿嚮往。喜歡粉色的男性則是溫柔體貼,善解人意的典範。

喜歡粉色的人也期待著能夠受到他人的呵護和關懷,有依賴別人的傾向。

禮貌謙虛，善於平衡的藍色人性格

　　藍色帶給人水一般清涼的感受，所以代表了冷靜和知性。喜歡藍色的人很講禮貌，團隊協調能力很強，對人十分謙虛謹慎。喜歡藍色的人在行動之前會制定周密的計劃，絕對不會衝動行事。在日常生活中，他們是謹慎小心的人，會嚴格遵守各種規則和要求。

　　喜歡天藍色或者水藍色等淺色系藍色的人一般非常感性，能夠以感性的方式表達心中的想法。他們並不是善於社交的人，但是卻能夠透過某種其他的形式，比如藝術形式，與這個世界上的其他人產生各式各樣的聯繫，並用自己的方式讓周圍的世界處於一種平衡的狀態中。

　　喜歡藏青色等深色系藍色的人則相對來說比較理性，喜歡凌駕於他人之上的感覺。創業的人以及從事教育行業的

人多數喜歡深藍色，反過來說，喜歡深藍色的人也很適合自己創業，或者成為幫助年輕人心靈成長的教師。

　　一般來說，深藍色不會是女性最愛的顏色，少數對深藍色有著偏愛的女性比較自立，希望能夠在工作中找到自己的價值，同時也具有在工作中實現自己人生價值的能力。

　　喜歡藍色的人在戀愛的時候同樣體現了自己未雨綢繆的優點，他們會對自己的未來做出規劃，並且經常會把這張藍圖描繪給另一半，給對方信心。喜歡藍色的人謙虛和藹，對另一半具有非凡的包容心，但是千萬不要觸及底線，否則這段感情基本上是無法挽回的。

　　不過，喜歡藍色的人也有缺點。他們的內心深處特別看重別人對自己的評價，對周圍人的眼光十分在意。這會導致他們在做出決定或者採取行動的時候猶豫不決，因為他們害怕失敗之後會丟失顏面。

　　另外，喜歡和平、不好鬥的性格有時候也會給自己帶來麻煩。對於後輩或者弱小的人，他們特別謙虛和藹；但當面對強硬的上司或對手時，他們就會壓抑自己、委曲求全，無法表達出自己真實的想法。

　　如果你原本並不是一個藍色愛好者，但突然對它產生了很大的興趣，這可能是暗示你需要一個人獨處或者身體、精神狀態不太好。此時最好找一個安靜的地方放鬆自己的身體和精神。

藍色人性格

　　喜歡淡藍色的人比較感性，喜歡用感性的方式表達內心的想法。喜歡藏青色的人則比較理性，喜歡凌駕於別人之上的感覺。

　　不過，喜歡藍色的人過於看重別人的評價，這導致他們在作決定的時候會猶豫不決，容易錯失好時機。面對強硬的上司時，他們會壓抑自己，不敢表達出自己的真實想法。

幽默上進、好奇心強的黃色人性格

　　象徵著光芒的黃色是光明、活力和希望的代名詞。喜歡黃色的人性格也像陽光一樣開朗，他們樂觀向上，天真爛漫。喜歡黃色的人很有幽默感，喜歡為別人帶來快樂。這類人喜歡熱鬧的氣氛，厭惡孤獨，最討厭的事情就是自己一個人做事或者從事單調的工作。

　　他們有著強烈的好奇心，喜歡接觸各式各樣的知識，嘗試新鮮事物。喜歡黃色的人追求自由而隨意的生活，對陷入被束縛的狀態非常反感，所以當喜歡黃色的人感覺到被束縛的時候，他們一定會用自己的方式表示抗議，因此也絕對是個挑戰者。

　　除了挑戰權威和規則，面對困難的時候，他們也會有迎難而上的冒險精神。無論陷入何種境地，他們都抱有「最

後一定能做成」的樂觀精神，而這種精神往往能夠影響周圍的其他人，讓整個團隊一起前行。

喜歡黃色的人思維方式是發散型思維，能夠從多個角度來考慮問題，再加上他們獨特的性格魅力，經常是團隊中的核心人物。他們往往有著獨樹一幟的想法，具備走向成功的能力和推動力，常常出其不意的創造商業奇蹟。不過，喜歡黃色的人也有很強的依賴心理，不論好事還是壞事都希望依賴別人。

雖然這類人依賴性強，但是也表明他們很擅長取得他人的信任，借助別人的力量，他們常常能夠在別人的幫助下取得快速的進步和提升。

不過，喜歡黃色人也有缺點，由於思維比較自由，他們常常會脫離現實，無論做什麼事情都按照自己想當然的那樣去辦，這會給別人留下隨意而任性的印象，因此應該注意培養自己的忍耐力和責任感。不過，同樣是黃色，喜歡淡黃色的人性格就比較穩定，能夠很好的平衡局面。

如果對黃色突然產生好感，應該增加外出次數，積極的出門尋求與別人合作的機會。更不要輕易拒絕別人的邀請，以防錯失良機。另外，對黃色產生好感會讓自己的想像力更加豐富，思維更加活躍，此時最好積極的拿出來與他人分享，借助他人的智慧，我們也許會獲得意外的驚喜。

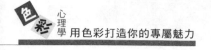

黃色人性格

　　喜歡黃色的人幽默樂觀，喜歡熱鬧的氣氛，討厭孤獨和做單調的事情。他們有著強烈的好奇心，追求自由隨意的生活，討厭陷入束縛。喜歡黃色的人喜歡從多個角度考慮問題，加上獨特的性格魅力，經常成為核心人物。

　　不過，喜歡黃色的人也會經常產生脫離實際的想法，給別人留下任性的印象，應該注意培養自己的忍耐力和責任感。

性情平和、信念堅定的綠色人性格

綠色介於積極的紅色和冷靜的藍色之間，所以喜歡綠色的人兼具外向和內向兩面。綠色是平衡與協調的象徵，代表著自然與生命，有著健康的形象，清爽鮮明。

喜歡綠色的人基本上都是心情平和、信念堅定的人。這類人愛好大自然，就像綠樹和草地一樣親切，能夠和周圍的人和睦相處，是和平主義者。

他們性格穩重，善於控制自己的情緒。他們的感受性很強，能夠敏感的體會別人的感受，很會關心和照顧別人。如果他們察覺到你的情緒波動，他們會十分貼心的傾聽對方講述自己的苦惱，並努力開導對方。

除此之外，喜歡綠色的人也是樂於助人的表率，不管多麼疲勞或者忙碌，如果有人求助，他們都會把自己的事情

放在後面，如果情況緊急的話，協助他人對他們來說更是義不容辭的責任。

喜歡綠色的人在幫助別人的時候也不求回報，只要聽到一句「謝謝」，他就感覺自己所做的一切都是值得的。正是由於這種性格，喜歡綠色的人一般人緣都很好，擁有良好的社交能力。

不過，雖然喜歡綠色的人可以和他人和平共處，但是他們從心裡對任何人都懷有警惕的心理，認為沒有人真正值得信賴。比起與人相處，他們更喜歡與大自然中的動物在一起享受恬靜的生活。

另外，喜歡綠色的人好奇心很強，但是不願意積極行動，他們傾向於與同伴一起活動，並且會刻意的隱藏自己，避免出風頭。喜歡綠色的人自我意識很強烈，不喜歡自己的生活步調被打亂。

綠色的種類很多，有草木茂盛時候的綠色，也有小草萌芽時的綠色。喜歡不同的綠色的人，性格也有少許的差異。在綠色系中喜歡偏黃色調的人具有黃色人的特點，他們知識廣泛，學識淵博。這類人很注重自己的生存方式和生活態度，但是缺少一些寬宏的氣量和冒險的精神，喜歡待在家裡。

而喜歡薄荷綠色的人，則具有良好的洞察力，他們一般具有很高的審美品位，對藝術表現出濃厚的興趣，同時他們也會按照自己的目標踏實的努力。

　　而喜歡偏藍的綠色的人，他們在性格中也會體現出藍色的理性和沉穩，表現出順從的性格。

　　喜歡綠色的人善於思考，行動力差，如果沒有集體活動，他們就不願意自己去參加某項活動。同時，比起出門，他們更喜歡待在自己的小空間裡享受生活。在空閒的時候，他們還喜歡做些美食來享用。美食的誘惑加上運動的缺乏，讓喜歡綠色的人中以偏胖的人居多。

綠色人性格

　　喜歡綠色的人都是心情平和的人，善於控制自己的情緒，能夠與他人和睦相處，是和平主義者。他們敏感的感受到別人的情感變化，並及時送上關心。

　　不過，喜歡綠色的人很難與別人交心，他們認為沒有人可以真正信賴。喜歡綠色的人會隱藏自己的能力，避免出風頭，很少獨自行動，喜歡與同伴一起活動。

精力充沛、情感外露的橙色人性格

　　橙色具有紅色的熱情，兼具黃色的開朗，所以橙色給人的感覺是積極而爽朗的，令人感到親切溫暖。喜歡橙色的人精力充沛，性格直率，是感情外露的一種人。

　　喜歡橙色的人不害怕陌生的人和環境，由於性格開朗，能夠很快融入新的團體中，因此很擅長與人溝通和交往，能夠與他人建立起友好互信的關係，並逐漸編織起更廣泛的人脈資源。

　　不過，這類雖然比較擅長構築廣泛的人脈關係，但是卻不太懂得如何在固定的範圍內維持已經建立起的感情，讓這份感情變得深厚。

　　同時，這部分人也是獨身率最高的人，沒有結婚的願望，很多人都單身到老。這是因為比起獨處，他們更喜歡

融入朋友或者社團等小團體中，這會讓他們感到舒適和快樂。對於一兩個人的小世界，他們會感覺很不自在，只有和大家在一起，他們才能獲得安心的感覺，正是這個原因讓他們不斷延遲婚期，甚至終身未婚。

偏愛橙色的人天生具有熱情爽朗的性格，無論走到哪裡都能帶動起活躍的氣氛。即使在經歷艱難困苦之後，大多數人也能將失敗的教訓轉變為走向成功的經驗。

喜歡橙色的人在組織或者團體中能夠積極的幫助別人，能夠輕鬆的與人交談，同時他們還能提出合理可行的建議，並以此贏得大家的信任和支持。

在工作上，他們能夠集中精力，全心全意的投入自己的事業中。這些特性決定了喜歡橙色的人很容易成為團隊中的領導者或者被委以重任。這類人還善於收拾和整理，具有較高的審美能力。

他們無法忍受雜亂無章的狀況，喜歡嚴格按照規則和秩序來做事，所以能夠把身邊的事情都打理得井井有條。

偏愛橙色的人十分在意他人的看法，以成為眾人的焦點為目的。為了達到這個目標，他們有時候甚至會勉強自己做出一副興高采烈的樣子。

不過，八面玲瓏也會給自己帶來負面的影響。如果對任何人都很親近，那麼好不容易構築起來的信任感就可能瞬間被破壞。這一點是喜歡橙色的人應該注意的。

橙色人性格

　　喜歡橙色的人精力充沛，性格直率，能夠很快融入新的團體和環境中並與他人建立起友好互信的關係。不過，他們卻不太懂得如何維護人脈關係，所以很難與他人保持長時間的友誼關係。

　　橙色人十分在意他人的看法，期望自己能成為眾人的焦點，為了達到這個目標，他們會顯得有些做作，給自己帶來不利的影響。

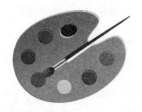

高貴感性、具有藝術氣質的紫色人性格

紫色是由紅色和藍色混合而成的顏色，其中紅色代表熱情，藍色象徵著冷靜，這兩種顏色混合而成的紫色，其複雜性可想而知。

根據使用的方法不同，紫色能夠給人帶來不一樣的感覺，它既可能很低俗，也可以很高雅。紫色積極的一面象徵著高貴、氣派、尊嚴、神祕以及幻想等，而消極的一面則會引起人的不安，悲傷，孤獨等情緒。

由於紫色的複雜性，它代表著神祕、不安以及不穩定的情緒。喜歡紫色的人一般非常感性，有著很強的審美意識，可以說是藝術家類型的人，他們有些自命不凡，內心強烈的渴望世人肯定他們的才華，為了這個目的他們常常會顯得虛榮做作。當別人質疑他們的時候，他們只會認為是這

個人不理解自己，而絕對不會反思，所以常常會和其他人產生隔閡。面對知心朋友時，喜歡紫色的人也會真誠以待，但由於內向且陰晴不定的性格，幾乎沒有幾個人能夠成為他們的知心朋友。

這類人不喜歡成為某個組織或者團體的一員，只喜歡我行我素的個人行動，同時他們也不會輕易的相信別人。

紫色中的淡紫色是討人喜歡的顏色。淡紫色是一種高雅的顏色，受到很多詩人的喜愛。喜歡淡紫色的人敏感而感性，富有創造力。這種顏色很受詩人、設計師和藝術家的青睞。

喜歡紫色的人多愁善感、喜歡幻想，渴望浪漫的愛情奇遇，在感情上是比較幼稚的人。他們心思細膩，有藝術家的感性，所以喜歡的對象通常也是具有相同興趣並具藝術性格的人。

如果突然喜歡上紫色，這代表著自身感受力的增強，直覺也會變得靈敏。此時不妨嘗試一下彩券去試試運氣，不過一定要學會適可而止。

紫色還暗示著內心壓力的堆積，也有可能是某種疾病的徵兆。如果感覺精神疲憊，就要給自己更多的時間去休息；如果感覺身體不舒服，最好去醫院做個體檢。

紫色人性格

　　喜歡紫色的人非常感性，審美品位很高。不過這些人有些自命不凡，有強烈的自戀傾向。期望別人能夠理解自己，如果他人不能理解，他們也絕對不會反思，所以常常與他人產生隔閡。他們的性格陰晴不定，很難擁有知心的朋友。

責任感強、性格沉穩的茶色人性格

茶色並不鮮艷，因而表現力不是很強，但是也並不招人討厭。茶色不明顯，有它不多，沒它不少，喜歡茶色的人性格也大致如此，不過這樣的人在社會中反而容易受到大家的喜愛。

茶色帶些土色的色相，因而能夠給人留下不易為外界影響的可靠印象，喜歡茶色的人一般責任感強、性格沉穩。

喜歡茶色的人討厭突如其來的變化，認為安靜而且穩定的生活比挑戰夢想、追求刺激更加重要，是腳踏實地的典型，與精神上的追求相比，他們更注重物質的豐富和身體的健康。用通俗的話語來形容茶色人，就是保守而傳統，喜歡以自己的步調行事。

喜歡茶色的人性格耿直，思考問題的時候嚴謹而認真，

不善於用語言表達自己的想法和感情，所以容易給人帶來保守內向的感覺。與此同時，他們也會給人留下老實穩重的印象，是能夠帶給人安定感的老好人。

他們不屬於精於世故的類型，但是能夠勤勤懇懇、腳踏實地的做出自己的貢獻，即使別人不願意做的事情交給他，他也會按時完成。另外，喜歡茶色的人還具有很強的體力和耐力。

不過，茶色人也有自己的底線，不會去附和權威，會盡可能的站在弱者的立場上去思考問題，所以能夠得到廣泛的信賴和支持，成為大家依靠和欣賞的人。

喜歡茶色的人能夠對現實進行冷靜的思考，即使對自己來說有很大的利益，他還是會從大多數人的角度去考慮問題，儘量避免風險，為大多數人爭取到利益。此外，茶色人還有著認真面對問題和解決問題的勇氣和能力。

所以，如果你突然喜歡上茶色，不妨利用這段時間來訂立一個長遠的目標。

但是，突然關注茶色也許暗示了另外的問題，也可能是對現實的危機感到恐慌，此時可能會過分埋怨自己的工作或者生活中的另一半。如果是這種情況，最好靜下心來重新審視自己的生活，把思路整理清楚之後再做下一步的計劃。

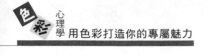

茶色人性格

　　喜歡茶色的人責任感強，性格沉穩，認為安定的生活比跌宕起伏的生活更可靠。與精神相比，他們更加重視物質的豐富和身體的健康。

　　喜歡茶色的人不會去附和權威，易同情弱者，所以能夠得到弱者的喜歡和支持，成為大家欣賞的人。

簡單低調、不張揚的靛色人性格

中國古代把蓼屬的植物稱作「藍」，這種植物可以用作燃料，而從中提煉出來的顏料我們稱之為「青」，這種青色要比植物本身更藍，「青」就是如今的「靛色」。

我們都很熟悉的一句話──「青，取之於藍，而青於藍」正是來自於這樣的事實。這句話出自荀子的著作，這說明中國使用蓼屬植物的莖或葉來做染料至少已經有了2300年的歷史。

靛色在馬雅文化中也有記載。馬雅文化認為靛色是一種保護色，能夠保佑婦女和胎兒平安。所以馬雅的孕婦常常穿著靛色的衣服來祈禱母子平安。

靛色這種顏色我們不常聽到，但實際上它並不少見，它是指介於藍色和紫色之間的藍紫色，在可見光中的波長大

約在420~440nm之間。我們人類的眼睛天生對靛色這個波段的顏色不敏感，因此很難把靛色從紫色或者藍色中區分出來。

鑑於這個原因，有些學者曾經建議把靛色取消作為單獨色彩的資格，劃歸藍色系或者紫色系。不過，傾向於把靛色作為單獨一種顏色的學者還是大多數。在所有的純色中，靛色被色彩學者看作是色相環中最暗淡的一個，而黃色是最亮的。

靛色是最低調的一種顏色，因此喜歡靛色的人常常也具有簡單低調、不張揚的性格。但是這種顏色雖然是七種顏色中最暗的顏色，但是卻暗含了紅色印象，因此看起來沉靜卻暗藏著活力，具有不可思議的力量。

喜歡靛色的人簡單低調，但是卻擁有很堅定的內心，明確的知道自己想要什麼，並為之腳踏實地的努力。喜歡靛色的人對許多事物感到敏感，而且具有豐富的想像力，具有良好的平衡和調節能力。

他們的接受能力比較強，能夠很快接受新生事物，同時也對社會上的現象抱有寬容的心態。正是由於這種性格，他們能夠很好的利用資源，快速整合出新的想法和方案，所以很受領導的器重。

這類人內心有明確的目標，對於如何達成這樣的目標也有明確的規劃。喜歡靛色的人很理性，喜歡教育和領導別人，所以他們很適合做教師或者獨自創業。

當然，喜歡靛色的人也有缺點。他們很注重外界的評

價，在意別人的眼光，這可能會讓他們在做決定的時候因為害怕丟臉而不敢採取行動。另外，如果個性過於低調不張揚，可能就會怯於在領導或者同事面前表露自己的看法，這樣長期下去，他們就會感到壓抑，嚴重的話可能會患上抑鬱症。

靛色人性格

　　喜歡靛色的人簡單低調，擁有很堅定的目標，並且能夠為之付出腳踏實地的努力。他們具有很強的接受能力和包容心。這樣的人善於利用資源，可以很快達成目標。

　　靛色人過於注重外界評價，可能會讓他們怯於行動。個性過於低調的話也會羞於表達自己的看法，長期下去就會感到壓抑，嚴重的話可能患上抑鬱症。

┃感情豐富、行動力差的 酒紅色人性格

　　酒紅色是略帶紫色的紅色，兼具紅色和紫色兩種特點。喜歡紅色的人大多性格開朗活潑、富有正義感。在確定目標之後，他們會很快採取行動，朝著工作和個人的目標勇往直前。不過，喜歡紅色的人也具有情感起伏大的特點，可能在一瞬間就會發生情緒的改變。

　　而喜歡紫色的人代表著神祕、不安和不穩定，有著高雅的審美意識，是藝術家類型的人。

　　酒紅色具有非凡的典雅氣質，因此需要高雅的材質來襯托，最適合的材質就是天鵝絨了。除了天鵝絨之外，最好不要選擇其他的發光材質，因為那些材質會破壞酒紅色的高貴感。

　　在晚宴的場合，酒紅色可以充分發揮自己的魅力，能夠

很好的襯托女人味，是很適合晚裝的色彩，一件酒紅色的長裙可以把女性裝點為最優雅可人的女子。

喜歡酒紅色的人的性格中既有紅色的外向，也有紫色的神祕，但是酒紅色性格人沒有紅色人那麼耿直，個性中會略帶一絲矯情，有時候喜歡故作神祕。

喜歡酒紅色的人一般都會喜歡紫色，但是他們不願意承認這個事實，因為他們覺得喜歡紫色的人略有神經質，而自己則是高貴典雅的代名詞，與神經質沒有關係。

與紅色人一樣，喜歡酒紅色的人心中充滿理想，不過他們卻缺少紅色人那樣為理想奮鬥的精神，缺乏採取行動的魄力，很多理想往往只存在於腦海中。

酒紅色屬於很深的顏色，帶有一種莊嚴高貴的感覺，既不張揚也不古板，能夠讓人從中體會到一種深刻的內涵，非常符合目前人們崇尚低調的風格。喜歡這種顏色的人性格偏女性化，內心溫柔，感情細膩。

喜歡酒紅色的人在戀愛的時候會比較感性，多愁善感，喜歡幻想。不過由於酒紅色的性格中存在一些紫色因素，因此這些人的情緒有時候會不太穩定，可能會對別人發脾氣，不過絕對不至於歇斯底里。

由於酒紅色屬於深色，所以他們不太會用新鮮的方式去創造獨特的愛情故事，而是喜歡用自己的想法去打造戀愛空間，這個空間充滿藝術氣息，但也不會浮誇，會讓人感覺到安心和踏實。

酒紅色人性格

　　喜歡酒紅色的人既具有紅色的外向，也有紫色的神祕。他們的心中充滿理想，但是缺少為理想奮鬥的精神，很多理想往往只存在於腦海中。

　　喜歡酒紅色的人比較感性，由於具有紫色的特點，所以情緒有時候會不穩定，可能會對別人發脾氣。

色彩偏好，隨心而動

　　雖然色彩能反映一個人的性格，但我們知道，一個人對色彩的喜好經常會出現變化。幼年時期，孩子還沒有男女的概念，對顏色並沒有特別的偏好。隨著年齡的增長，我們對色彩的喜好會慢慢的發生變化。比如，女生開始比較偏愛紅色，男生則逐漸被藍色吸引。

　　當然，對顏色的偏好並不是按照性別就能簡單區分的。由於成長環境和教育背景的不同，甚至由於心情變化，我們都會表現出完全不同的色彩偏好。

　　步入社會之後，我們對色彩的偏好不但不會固定下來，反而會由於心情的多變而不斷發生變化。有些職業女性在做媽媽之前喜歡穿黑色套裝，讓自己看起來精明幹練，可是當她生了孩子之後，由於經常給孩子穿淺色的衣服，她可能也會因此喜歡上淺色，同時改變的還有她的性格，會一掃往日女強人那雷厲風行的作風，轉而變成善解人意的

上司。還有些人在做學生的時候喜歡藍色或者綠色這樣平和的顏色，但是獨立生活之後，他們開始喜歡自由自在、充滿激情的生活，而此時他們會喜歡上紅色、橙色或者黃色等明亮鮮艷的顏色。總而言之，性格、心情以及心境的變化，都會影響一個人對顏色的偏好。

不過，人們對於顏色的偏好還有一個有趣的順序，比如喜歡冷色系的人，他們通常會最先喜歡藍色，然後是綠色，最後是淡紫色；而偏愛暖色系的人一般最先喜歡紅色，然後是橙色，最後是黃色。

如果有人對顏色的偏好發生了突然的改變，比如從喜歡黑色突然變成了喜歡紅色，或者從綠色突然變成了橙色，這並不能代表他的性格發生了巨大的改變，也許他追求的只是一時的改變，要想確定他對顏色的偏好是不是真的發生了變化，要經過一段時間的觀察才能確定。

性格變，偏好色也變

幾乎很少有人能夠一直喜歡一種顏色，而影響人的色彩偏好的主要因素就是心境和性格的變化。不過，這種變化也有規可循，原本喜歡冷色系的人，通常會按照藍色→綠色→淡紫色的順序變化，而原本喜歡暖色系的人，會按照紅色→橙色→黃色的順序來變化。

色彩萬花筒：人可以識別多少種顏色

　　要透過色彩推測一個人的性格，我們首先要做的是瞭解這種色彩。世界上的色彩很多，某些色彩可能並不能完全與其他顏色區分出來。那麼人類究竟可以精確的識別多少種色彩呢？

　　人類的視覺非常敏銳，能夠識別50~100萬種顏色，也有人說是700~1000萬種顏色。不管是哪一種，這些資料都說明我們人類的色彩感覺是非常厲害的。不過，隨著科技的進步，科技已經能夠表現出1670萬種顏色。

　　現在的電視機基本上都能夠達到這個標準；有些非常高級的電漿電視甚至能夠表現36億多種色彩，不過，即使這些電視機能夠顯示更多的色彩，但是對於人眼來說基本上沒有差別，這是因為超過1000萬種顏色之後，人眼就已經

很難分辨出區別了。所以，36億色的電視機並不比1000萬色的電視機更加漂亮，因為我們根本看不出差別。

Part **5**

以色養人，享受
健康生活

冷色系環境助你遠離肥胖

　　減肥的方法只有兩個：運動或者節食。

　　如果你覺得運動太累，難以堅持，那麼你還有另外一個選擇，就是利用色彩心理學來幫助自己節食，進而遠離肥胖。

　　在各種色彩中，冷色系的顏色是最有助於控制食量的。在綠色的環境中用餐時，我們會產生一種回歸自然的感覺，吃飯的速度也會在不知不覺中變得緩慢。而吃飯速度慢可以防止我們由於吃得過快而攝食過量。

　　另外，在吃飯的時候，深綠色會給人帶來一種苦澀的感覺，所以食品的包裝幾乎沒有用深綠色的。不過，這對於那些想要節食減肥的人是一個福音。如果餐廳的整體偏綠色，那麼你的食慾就會在不知不覺中下降。

　　同屬於冷色調的藍色也是一種有利於減肥的顏色。藍色環境有助於消除心理上的緊張狀態，減緩心跳，讓情緒穩

定。與綠色環境相似，這樣的環境也有助於減緩進食速度，達到減少食量的效果。藍色還有另外一種功用，那就是讓食物看起來並不美味，這可以減少我們對這種食物的興趣。對於那些經常進食過量的人來說，不妨試試把餐廳裝修成藍色或者把餐具換成藍色。

同樣能夠促進減肥的顏色是紫色。紫色在給我們帶來浪漫和神祕的同時，也可以讓我們對食物感到厭煩。因為這個原因，盛放在紫色碗盤中的食物會讓我們覺得並不可口，甚至讓人感到厭惡。正是這個原因讓紫色變成了有利於減肥的一種顏色。

白色是一種很特別的顏色，它是「無彩色」的一種，也會給人帶來清涼的感覺，但是它是一種能夠促進食慾的顏色。白色的食品包裝常常給人帶來原汁原味的感覺，常見於奶油等高熱量的食物；在白色的環境中用餐時，白色會把食物的顏色映襯得更加鮮艷，增進用餐者的食慾。所以想要減肥的人最好避開白色環境進餐。

如果不需要減肥，大家最好不要在冷色系的環境中進食，因為這些顏色不僅會影響食慾，還會讓心情抑鬱。長此以往，我們可能會患上營養不良或者抑鬱症等身心疾病。

抑制食慾的色彩

　　冷色的環境可以讓我們心情平和，減緩進食速度，這可以有效的防止我們過量進食。同時冷色還可以降低食物色彩對我們的刺激，甚至讓我們對盤子裡面的食物產生厭惡感。

　　為了讓我們的減肥計劃順利實施，我們可以多接觸冷色的環境，還可以使用冷色的餐具來抑制食慾。不過，我們最好不要長時間暴露在冷色的環境中，否則可能會患上營養不良或者抑鬱症等疾病。

飲食色彩搭配讓瘦身計劃更順利

　　環境中的色彩可以幫我們控制食慾，而食物的色彩則可以幫助我們在維持營養的前提下更順利的進行瘦身計劃。色彩對於食慾有很大的影響，想要健康瘦身，冷色環境配合瘦身食物絕對是一個很好的選擇！

　　不同顏色的食物有著不同的成分和視覺效果。一些顏色鮮艷的食物可以刺激我們的食慾，而大部分顏色淺淡的食物就不會強烈刺激食慾。用色彩來制定食譜，可以讓減肥事半功倍。

　　綠色食物如青椒、絲瓜、黃瓜、苦瓜、綠茶、青梅等，是腸胃天然的清道夫。很多人發胖的原因與便祕有關，而大部分綠色食物都含有纖維素，它是清理腸胃、防治便祕的良好「藥物」，同時還能減少大腸癌的發病機率。

　　綠色蔬果中還富含維生素A，這種物質不僅能夠明目，在代謝中也有著重要的意義。試想，如果我們的循環代謝無法順利進行，人體怎麼可能健康呢？有些人就是由於代謝異常而患上了肥胖症。

　　經常吃綠色蔬菜除了可以減肥，還可以在視覺上給人舒適感，舒緩壓力，預防偏頭痛等。營養學家建議我們每天至少要吃四種以上綠色蔬菜。

　　對於「肉食動物」來說，減肥期間也沒有必要把肉戒掉，因為肉是很好的蛋白質來源。最好的選擇是多吃白肉和無色肉，儘量避免紅肉。

　　那麼什麼是白肉、無色肉和紅肉呢？白肉就是指雞肉、鴨肉、兔肉和魚肉等，這些肉蛋白質含量高，脂肪含量卻很低，非常適合正在減肥的人。

　　無色肉是指貝殼類動物的肉，比如文蛤、牡蠣等，白色肉不僅可以讓人大快朵頤，而且可以提供豐富的B群維生素以及鈣、鎂、磷等微量元素；紅肉則是指牛肉、豬肉、羊肉等，雖然這種肉類富含鐵元素，但是脂肪含量也是各種肉類中最多的，所以正在減肥的人還是少吃為妙。

　　整體來說，在選擇減肥食物的時候，我們要「拒絕紅、橙、黃，歡迎綠、白、黑」。拒絕紅、橙、黃的原因是這幾種顏色是最刺激食慾的顏色，這樣就會在不知不覺中攝入過量的食物，脂肪也就在不知不覺中慢慢積累起來了。

　　歡迎綠、白、黑是因為綠色食物幾乎不含脂肪，又有大

量的營養元素，是減肥者的首選；白色食品，如蘿蔔、豆腐等對食慾有一定的抑制作用，其中所含的營養對高血壓和心臟病的減肥者也有很大的益處。

黑色食物如黑芝麻、木耳、海帶等營養成分齊全，能夠給減肥的人帶來充足的營養，也不會帶來過大的身體負擔，尤其適合患有心腦血管疾病的減肥者。

巧選食物來減肥

不同顏色的食物有不同的營養，想要健康減肥，一定要慎重選擇食物，既維持自身營養，又不會攝取過多能量。依靠色彩來選擇食物的原則是「拒絕紅、橙、黃，歡迎綠、白、黑」，因為紅、橙、黃最能刺激食慾，而綠、白、黑色的食物不僅富含大量的微量元素和維生素，還不會刺激食慾，有利於減肥。

吃不下飯時試試橙色開胃大法

　　在各種顏色當中，有的顏色會讓人食慾大振、胃口大開，有些顏色則會讓人對食物提不起興趣。研究顯示，當你食慾不佳的時候，具有鮮艷色彩的食物能夠達到增進食慾的效果。

　　在各種顏色中，橙色具有最好的開胃效果。我們看到橙色的時候，腸胃功能會被啟動，同時橙色還能給人帶來充滿活力和快樂的感覺。如果食慾不佳，試著拿一些橙色的東西加到自己的食物裡吧。即使不吃橙色食物，僅僅是坐在有橙色座椅的餐廳開胃效果都很明顯。

　　胃口不好的時候，除了可以加入橙色的食物、在有橙色座椅的餐廳中進餐，我們還可以改變進餐時候燈光的顏色來幫助自己提高食慾。

　　如果想要擁有好胃口，最好選擇能夠發射出淡黃色光線的白熾燈，儘量避免發出帶有藍色白光的螢光燈。

　　要喚起食慾，盛食物的器皿也很重要，最好選擇那些能夠凸顯食物顏色的器皿，在中國，白色的餐具最為常見，因為中國講究吉利，食物以紅色、橙色、黃色為多，比如紅燒肉、糖醋里肌肉等。

　　白色可以很好地突出食物的顏色；在日本，除了白色盤子，黑色的器皿也是他們非常喜歡的，這是因為黑色器皿可以與日本的食物形成強烈對比，比如金槍魚壽司等等，這可以更加突出食物的顏色，日本料理的滋味似乎也在這黑色的襯托下變得更加微妙，需要我們細細品味。

　　除了橙色，紅色、黃色等鮮艷的暖色也是能夠提起食慾的顏色，有些餐廳會把窗櫺噴成黃色，還有些則會在桌子上擺放黃色的花，這種溫馨的顏色能夠讓顧客感覺到饑腸轆轆，同時也能讓食物看起來更加可口。

　　上面所講的只是一般規律，事實上食慾色也因人而異，它受到當地的飲食文化影響，同時也與自己的經歷有關。比如某一種顏色的食物曾經給自己帶來不愉快的經歷，那麼以後再看到這個顏色的食物時，就會感到反感。

　　整體來說，能夠喚起食慾的顏色，一定可以讓人與某種可口的食物聯繫在一起。

具有開胃效果的色彩

　　某種顏色能否提起食慾，與當地的飲食文化習慣有關，同時也與自身的經歷有關。如果某種顏色的食物曾經給自己帶來不好的經歷，那麼以後就會對這種顏色的食物感到反感。

　　總之，一種顏色能否達到開胃的作用，要看它是否能夠與某種可口的食物聯繫在一起。一般來說，紅、橙、黃是具有很好的開胃效果，其中以橙色為最佳。

合理搭配多色食材，擁有健康體魄

食物具有不同的顏色，而不同的食物也具有不同的營養價值。我們可以每天按照色彩來搭配食物，獲取均衡的營養，保持身體健康。當然，挑選不同顏色的食物，也應該配合自身的健康狀況來進行。

菠菜、芹菜等綠色蔬菜中所含的豐富礦物質成分能夠令身體放鬆，使人常保年輕狀態。前面我們提到綠色蔬果是腸胃的「天然清道夫」，長期食用可以幫助我們清理腸道、防止便祕，同時也能夠降低直腸癌的發生機率。

黑色的食物，如海帶、黑木耳、黑芝麻、黑豆等，從中醫角度來講，黑色食物可以強健腎臟、保健養顏、抗衰老等，對生殖和排泄也有很大的好處。

另外，黑米中含有多種人體必需的氨基酸，還有鐵、

錳、鈣、鋅等微量元素，其營養成分遠遠高於普通的稻米。黑芝麻從古至今都是滋補佳品，含有各種糖類、卵磷脂、蛋白質等等，具有養顏、益脾補肝的作用。

白色食品種類豐富，既有富含蛋白質的豆腐、牛奶、雞肉等，也有富含澱粉的稻米、菱角等等，白蘿蔔、梨等則富含維生素。中醫認為，白色食物是養肺佳品。

此外，平時腸胃脆弱的人也可以多吃一些白色的食物。白色食品中還有很多富含鈣質的食物，經常食用可以讓我們的骨骼更加健康。

黃色食物包括黃豆、花生、核桃和香蕉等，這些食物能夠健腦益智，保護心血管，同時還具有延緩皮膚衰老的作用。除此之外，檸檬等黃色水果能夠幫助身體達到正常的酸鹼度，同為黃色，香蕉、南瓜等則能夠促進胃腸蠕動，緩解便祕。

紅色的食物能夠給人帶來活力，是生命力的象徵。紅色食物能夠給人帶來興奮感，增加食慾、光潔皮膚、增強皮膚表面細胞的再生能力，能夠達到防止皮膚衰老的作用。紅色食品，如紅蘋果、紅棗、番茄等，還能夠強健心臟，防治心血管疾病。櫻桃、紅棗等更是貧血患者的天然藥物。

我們已經知道，藍色和紫色是抑制食慾的顏色，人們往往對藍色和紫色的食物提不起興趣。不過，藍色食物和紫色食物所富含的營養物質也是很可觀的。其中藍莓和螺旋藻是藍色食物的代表，它們富含多種氨基酸和微量元素，

尤其是螺旋藻，它的保健作用成為近年來營養學家研究的重點。

紫色食品的代表則是茄子、紫葡萄等，如果想要豐富餐桌上菜餚的色彩，紫色是一個很好的選擇。紫色食品一般富含花青素，這是一種能夠強力對抗血管硬化的物質，因此經常食用紫色食物可以阻止心臟病發作和血栓的形成。

根據各種顏色的食品所含的營養物質的區別，營養學家建議我們每天最好攝入至少五種顏色的食物，包括藍色或者紫色食品、紅色食品、黃色食品、綠色食品和白色食品。

重點
歸納

營養的色彩搭配法

營養學家建議我們每天要至少攝入五種顏色的食物，包括紫色或者藍色、紅色、黃色、綠色和白色。

藍紫色食物主要有紫葡萄、葡萄乾、藍莓、紫甘藍等。紅色食物主要有番茄、西瓜、蘋果、櫻桃、草莓等；黃色食物包括芒果、杏、胡蘿蔔、桃、橘子、木瓜等；綠色食物包括菠菜、生菜、綠花菜等大部分綠色蔬菜；白色食物有蘑菇、大蒜等。

分辨顏色，食品安全第一步

　　如今，食品安全問題頻現。以前購買蔬菜、水果以及魚肉類等生鮮食品時，用以判斷鮮度和口味的重要依據——顏色幾乎已經失效了。人們根據多年來的經驗，想當然的認為色彩鮮艷的水果和蔬菜具有更好的口感和營養價值。很多不法商販正是抓住了消費者的這一心理，用一些顏色漂亮的化學物質來處理食品，利用顏色來讓消費者上當。

　　幾年前鬧得沸沸揚揚的「蘇丹紅事件」就是利用鮮艷的色彩來吸引消費者上當。數年前，新聞報導了北京市個別市場和經銷者售賣來自河北石家莊等地的「紅心鴨蛋」，這些販賣者對消費者宣稱「紅心鴨蛋」更有營養，使得無數消費者上當。實際上，紅心鴨蛋是出產地部分農民用添加蘇丹紅的飼料餵鴨所生產的，而蘇丹紅具有致癌作用是公認的。至此，人們開始關注起食品安全問題。

後來，「用硫黃熏饅頭」、「硫黃毒生薑」、「墨汁石蠟紅薯粉」等食品問題也不斷被披露。如今，越來越多的食品讓人們望而卻步，不知如何挑選。

其實，在學習挑選安全健康的食品之前，我們首先應該知道並不是所有的染色劑都是對人體有害的，千萬不要矯枉過正。國際食品包裝協會指出，食品染色劑分為天然染色劑和人工合成染色劑。

天然染色劑是安全無害的，只是其營養價值有所損失。不過，這類染色劑的成本較高，一般的食品工廠不會使用；而人工色素是人工合成的，體內很難分解，也容易造成腎臟負擔。但是只要人工色素的含量符合國家標準，一般不會對人體產生影響。

而前面我們提到的涉及食品安全的案例，很多屬於工業原料，根本不能用於食品，選用這種東西是黑心商家為了賺錢不擇手段的結果。

為了安全和健康著想，我們應該儘量避免非天然的染色劑，所以選購食物的時候最好選擇原生態的，要避免那些色澤過於鮮艷明亮的產品，千萬不要被食物的外表所迷惑，因為食品的顏色越鮮亮就代表著殘留的染色劑越多。

如果懷疑某種食品經過染色，不妨留意一下它的褶皺處或者凹陷處，如果存在明顯的顏色不一，最好放棄選購。

科技的進步也會帶來一些負面效應，用染色劑來處理食品就是其中的一個，我們只有練就挑選美味的「火眼金

睛」，才能避免被著色的食品欺騙，在追求健康的同時也可以淘汰掉那些不講道德的不良商販。

透過色彩挑選健康食品

　　愈演愈烈的食品安全問題讓我們不能再簡單的憑藉顏色深淺以及顏色漂亮與否來選擇食物了。在選購食品的時候，尤其是生鮮類食品，我們最好挑選那些原生態的，避免色澤過於明亮的產品。

　　在挑選食品時多關注一下褶皺處和凹凸不平處，因為這些地方是最容易發現食品是否使用染色劑的地方。

橙色有助於唾液分泌，預防口臭

　　口臭是一件令人尷尬的事情。當你與重要的客戶進行會談，或者與異性約會的時候，如果出現了口臭問題，雖然別人不會當面指出，但是對你的印象就會大打折扣，嚴重情況下就會拒絕再次與你進行接觸。

　　引起口臭的原因有很多，比如牙周炎、蛀牙、腸胃不適等，不過，現在醫學工作者發現了一個新的導致口臭的原因，那就是「口乾」。

　　和經常看電腦引起的「眼乾」類似，口乾是在我們壓力過大或者飲食結構發生變化的會後出現的唾液分泌減少的症狀，這會導致口臭。

　　因為在正常情況下，唾液會幫我們把吃到嘴裡的食物送到消化器官，而唾液的分泌變少，嘴裡面殘留的食物殘渣

也就變多了。

另外，唾液本身具有抗菌作用，唾液減少，細菌的繁殖就會大大加快。食物殘渣增多，分解食物的細菌增多，這就會造成口腔內不雅的氣味。

要想改變這種讓人難堪的口乾症，色彩也能幫上大忙！那麼哪種色彩是最好的選擇呢？那就是橙色。如果曾經有這樣的體會，你就不會對橙色刺激唾液分泌這種情況感到陌生了！面對條件差不多的兩家餐館時，我們會感覺有橙色餐桌的那家餐廳更具有吸引力。這是因為橙色等類似的暖色具有促進食慾的作用。

想要利用橙色來改善「口乾症」，可以選擇橙色的杯子來喝水或者刷牙。看到這種刺激食慾的顏色時，唾液的分泌量就會增加。

引起口乾症的另一個因素就是壓力大，此時大家需要具有放鬆效果的綠色來提高唾液分泌量。或者雙管齊下，在自然的綠色環境中使用橙色的杯子放鬆一下，喝些熱飲。這樣悠閒的時光不僅能夠放鬆心情，還能達到預防口臭的作用，你一定沒想到吧？

刺激食慾的橙色

　　橙色看起來柔和溫暖，是最佳的刺激食慾的顏色。由於能夠很好地刺激食慾，所以也就引起了口腔內唾液分泌的增多，而這一點有助於改善口乾導致的口臭。

　　為了預防口乾型口臭，我們可以使用橙色的杯子喝水、刷牙。如果能夠在綠色的環境中使用橙色的杯子，效果更佳。

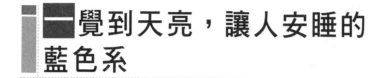

一覺到天亮，讓人安睡的藍色系

　　隨著社會壓力日益加大，失眠的人越來越多，這多半是由於壓力過大或者是作息時間紊亂造成的。如果長期得不到充分睡眠就會患上失眠症，整個人會變得無精打采、注意力低下。

　　當意識到自己經常失眠的時候，很多人就會越發擔心自己的睡眠，這直接導致失眠的症狀更加嚴重，時間長了就會形成惡性循環。要解決這個問題，藍色可以達到很大的幫助作用。

　　失眠多數是由神經的高度興奮引起的，而冷色系一般具有鎮靜神經的效果，因此選擇冷色來應對失眠是最合適的，藍色在情感方面的作用是最大的，所以也是最適合治療失眠症的顏色。建議失眠或者睡眠品質不好的朋友多看看藍

色，可以在臥室裡面使用藍色的睡衣、床單和被套。把房間的基調改成藍色有助於睡眠，但是最好選擇淺淡的藍色，避免過深。

不過，使用藍色來治療失眠一定要注意藍色的量，如果太多的話會讓人感覺很冷，同時產生孤獨感。因此建議想要改善睡眠狀況的人最好是以淡藍色為主，搭配米色和白色。這樣的色彩搭配可以自然而然的消除緊張感，促使人迅速入睡。

不光藍色可以治療失眠症，一部分綠色也能夠達到催眠作用，但是綠色與藍色的催眠原理不同，藍色是透過讓人的身體得到放鬆，而綠色則是透過放鬆人的心理來達到催眠的作用。如果暖色淡到一定程度的話，也能夠有著催眠的作用，所以臥室的照明最好選擇能夠發出淡黃色光芒的白熾燈。

說了這麼多，如果想要戰勝失眠，一覺睡到天亮，最好的色彩療法就是藍色治療法。把房間的主色調變成藍色之後，如果能夠再搭配一些綠色植物，點綴些黃色，促進睡眠的效果就更好了。

催人入眠的藍色

　　藍色屬於冷色，能夠達到鎮靜神經的效果，同時還能放鬆失眠者的身體，促進失眠者快速入眠。因此建議失眠或者睡眠品質不好的朋友把臥室裝修成以淡藍色為主調的顏色，比如使用藍色的窗簾、床單等等。

　　如果能夠在此基礎上搭配一些綠色植物，再點綴一些黃色，治療失眠的效果就會加倍。

「粉色呼吸法」圓你返老還童夢

　　隨著生活水準的提高，人們越來越希望能夠更多地享受現代社會帶來的變化，因此對延緩衰老的嚮往也就越來越強烈。

　　如今，整容技術服務的對象範圍越來越廣，年輕的女性是整容的主力軍，但是年長的女性和男性整容者也並不罕見。不管怎麼來說，整容始終不是件安全的事情，那麼如何健康的讓自己保持年輕的容貌，甚至「返老還童」呢？不妨來試試「粉色呼吸法」吧！

　　粉色可以促進荷爾蒙分泌，助人返老還童。下面我們瞭解一下如何利用粉色來保持年輕健康。

　　首先準備一些粉色的襯衫或者內衣，也可以用粉色來裝飾沙發或者窗簾。在這種環境中，不只是自己的心態，就

連身體也會逐漸變得年輕起來。如果男性對粉色這種顏色有牴觸，可以先在心中形成粉色印象。

如果想不出，可以參考周圍的粉紅色事物。隨後，要開始想像自己正在呼吸粉色的空氣，並在心中幻想自己的皮膚變得緊致有彈性，或者想像自己年輕時候的樣子，然後慢慢的深呼吸，反覆兩到三次。

粉色呼吸法每天可以做三次，早上醒來的時候以及晚上睡覺之前是最好的時機，一定不要錯過，白天則可以選擇不太忙的時候再做一次。

如果真的很難想出粉色的形象，可以隨身帶個粉紅色的小手帕，甚至粉紅色的蝴蝶結頭飾都可以幫你完成這一步驟。

這種粉色呼吸法，與目前很流行的瑜伽呼吸法一樣，都是生物體進行自我調節的方式之一。色彩呼吸法是以粉色為印象進行呼吸，就能夠把粉色所具有的能量吸收進體內。這是生物回饋療法的一種方式。

另外，如果選擇其他的顏色，我們同樣可以利用這種方法吸收該顏色所蘊含的能量。

色彩呼吸法的祕密

　　「色彩呼吸法」就是以某種特定的顏色為印象進行呼吸，隨後就能夠把這種顏色所具有的能量吸收進體內。而粉色所具有的能量是年輕、夢幻、溫柔，因此當我們利用粉色印象來呼吸的時候，體內的荷爾蒙分泌會發生變化，進而對身體產生影響。

　　對很多國外明星，尤其是色彩研究比較發達的日本明星的追蹤結果顯示，「粉色呼吸法」的確能夠達到駐顏的作用。

淡色內衣，讓人充滿健康活力

　　每年流感橫行的季節，都會有很多人遭遇感冒病毒的襲擊。感冒雖然不是什麼大病，但是由感冒引起的頭暈、流鼻涕等症狀卻會影響人們的工作狀態和效率，給人們造成極大的不便。把感冒病毒趕走的方法有很多，色彩療法也是其中一種。

　　顏色有各式各樣的治癒特性，有的可以減輕人的心理痛苦，有的則可以透過影響人的激素分泌而減輕人的身體痛苦。白色，是在治癒感冒上最能發揮效果的一種顏色。白色是各種色光混合而成，白色的能量被身體吸收之後，相當於我們的身體吸收了各種顏色的能量。

　　日本的色彩專家木下代理子曾經做過這樣的實驗：她把三個大小相同的綠色番茄分別用白色、黑色和紅色的布包

好放在太陽底下。等植株上的番茄已經變紅的時候，她把用布包著的三個番茄打開之後發現原來用白布包著的番茄和植株上的番茄成熟程度差不多；紅布包裹的番茄因為熟得太過而發黑了；用黑色的布包裹的番茄則和剛包上的時候幾乎沒有區別，還是像以前那麼青。

木下代理子的實驗表明，白色可以均勻的吸收太陽光中的能量，並把能量傳給了番茄；而黑色雖然可以吸收所有波長的顏色，但是無法向植物傳遞，因此黑布包裹的番茄仍然是青色的。

同樣道理，如果我們穿白色的內衣或者襯衫、褲子，白色可以讓陽光通過，將能量傳遞給我們的身體，而這些能量對於殺滅感冒病毒是非常有好處的。

黑色則是把陽光的能量截留下來，它無法向身體傳遞能量。事實上，的確有這樣的例子，就是感冒之後兩天穿白色衣服而使感冒不藥而癒的。事實上，其他的顏色極其淺淡的衣服也可以達到同樣的作用，只不過效果沒有白色好而已。

另外，紅色對於健康的人來說能夠達到激勵的作用，但是對於感冒的人來說，帶來的刺激過強，要慎用！

傳遞能量的白色

　　白色不會吸收任何顏色的光線，而是將能量完全的傳遞出去。所以，當人感到不舒服的時候，白色衣服可以把陽光中的能量傳遞給身體，讓身體更好的對抗疾病。其他淺色服裝也可以達到類似的作用，但是效果不如白色明顯。

　　生病時候應儘量避免穿黑色衣服，這不僅是因為黑色不能向身體傳遞能量，更重要的是它會讓人的精神變得萎靡。

巧用色彩可以幫助病人減輕病痛

　　國外有實驗證明人在黃色的房間裡脈搏正常，在藍色房間裡脈搏跳動慢一些，在紅色的房間裡脈搏增速比較明顯。法國一位生理學家發現：在紅光照射下，人的握力比平常多一倍，在橙黃光照射下，手的握力比平常增加0.5倍。由此可見，顏色不僅可以影響人的心理，也能夠對人的健康產生影響。

　　1982年，美國加利福尼亞的一項醫學研究結果顯示：藍色光可以大大減輕患有風濕性關節炎女性的痛苦；按一定頻率閃爍的紅色燈光可以讓偏頭痛得到緩解。甚至有科學家認為，未來的藥物不僅要依靠化學成分，同時還要是色彩和聲音的組合。

　　目前，臨床醫學已經證明不同顏色光線可以減輕病人的

痛苦，不過不同的顏色針對的病症是不同的。下面我們來介紹相應的知識，如果你的身體偶感不適，不妨試一試色彩療法。

藍色有助於提高免疫系統的「戰鬥力」，可以幫助傷口排出毒素，還可以對抗由病毒或者細菌引起的疾病，如流行性感冒等。另外，藍色是一種冷色，接觸藍色可以讓我們的血液循環速度降低，所以藍色可以達到降溫冷卻的作用，可以減輕腫瘤、痙攣以及呼吸系統等疾病的症狀，對發燒和感染等有效。在治療高血壓和皮膚病的過程中，藍色也有一定的作用。

藍色還有很強的催眠作用，可以用來緩解治療過程中的疼痛。藍色中的深藍色光線則是麻醉科醫生的「好幫手」，能夠幫助病人減輕痛苦，病人臨終感覺痛苦時也可以使用。

紅色光是可見光中波長最長、能量最低的。在治療低血壓、風濕、貧血，緩解結核病的持續惡化方面具有很好的效果。

橙色與腎上腺素有關，在治療腎病、膽結石、闌尾炎的過程中有顯著作用。另外橙色可以用於增強免疫力、提高心肺功能，還能刺激產後泌乳量的分泌。

與橙色相近的黃色在提高免疫力方面也有不俗的表現，另外黃色能夠刺激大腦，能夠啟動腦細胞，對於精神萎靡有良好效果。但是要注意黃色的使用不要過量，這是因為黃色使用過多會讓人們過度興奮，無法正常休息。

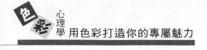
　　紫色可以減輕心臟疼痛，對治療便祕、水腫、偏頭疼等有很好效果。另外，紫色也是很適合女性病人的顏色，因為它對於子宮和皮膚疾病有很好的輔助療效。

　　進行大型手術的時候，紫色可以達到減輕疼痛的作用。除此之外，紫色或者淡紫色光線照在燒傷病人的身上時，纖維和組織可以加速重生。

　　其實每種顏色都有自己獨特的功效。比如粉色可以緩解病況，適用於頭痛和關節炎等疾病；此外，心緒不寧也可以用這種光線來舒緩病況；而綠色光線具有和諧的效果，對心中有鬱結的人有幫助。

色彩減輕疼痛

　　臨床醫學已經證明不同顏色光線可以減輕病人的痛苦，不過不同的顏色針對的病症是不同的。藍色、橙色和黃色可以提高身體免疫力，另外可以分別對不同的組織器官產生影響，使明患者早日恢復健康。

　　而紫色則是透過對眼睛、耳朵和神經系統的安撫而達到減輕疼痛的作用。

合適的色彩能夠鼓起病人的信心

色彩療法是基於古印度的健康理論，這種理論認為每種顏色都有它自己的特殊能量。色彩的能量被細胞吸收之後影響全身，而且是從身體和精神兩個層面影響人的健康。現代的科學研究顯示，不同的色光具有不同的波長，頻率也不同，所以它們具有的能量存在很大差別，能夠對人體的心理狀態產生影響。

色彩可以讓人感到絕望，也可以給人帶來重生的勇氣。比如我們前面講到的英國「自殺橋」的故事。當橋體是黑色的時候，每年都有很多人在那裡自殺。當把橋體塗成天藍色，自殺的人就顯著減少了。

從心理學觀點來解釋是因為黑色顯得陰沉，會加重絕望的心情，處於痛苦中的人看到這樣的顏色，就向死亡又邁

進了一步。而天藍色給人帶來愉快開朗的感覺，能夠讓人重拾希望，燃起生命之火。對於生病的人來說，能夠燃起希望的顏色就顯得愈加重要了。

白色象徵著純潔和神聖，對心臟、神經和精神都能達到很好的安撫作用，也有助於培養活力和獲得支持性的情感。當人處於生病狀態的時候，白色可以有效平靜患者的情緒，同時還能夠舒緩疼痛。

紅色是最具有生命力的顏色，有助提高人的精神狀態，能夠振奮精神，燃起病人的希望。不過，並不是任何類型的病人都可以用紅色來振奮精神。患有高血壓的人要儘量少待在紅色的環境當中，另外心臟病患者也是禁忌紅色的。

藍色有助於鎮靜精神，比較適合重病且情緒不穩的患者。經常接觸藍色，對於神經質或者容易煩躁的人很有效果。同時，藍色也能夠化解人心中的憤怒和仇恨。紫色和藍色一樣可以驅除煩躁，同樣可以消除憤怒的情緒。

橙色象徵著繁榮與驕傲，是自然的顏色。它代表著力量、智慧、光輝，因此橙色是活躍的催化劑，能夠讓人充滿生氣。甚至多吃橙色食物，如柑橘、芒果、胡蘿蔔等，也有助於刺激食慾，振作精神。

與橙色類似的黃色可以激發能量，穩定情緒，提高患者的自信心，對情緒壓抑或悲觀失望的人有很大的鼓勵作用。

由藍色和綠色對半混合而成的綠色也被認為是一種和諧的顏色，它可以促進人體內的毒素排出，增強新陳代謝，

對於緩解緊張和疲勞非常有好處。情緒經常出現波動的孕婦可以利用綠色製造出一種平靜安寧的氣氛。

色彩是屬於電磁波的一種，具有一定的能量，這種能量作用於人體會對人的心理健康產生一定的影響。不同的色彩具有不同的能量，醫生可以根據患者的病症選擇不同的顏色。

目前色彩療法在國外已經引起了心理學家和醫生的廣泛關注，在國內，它還處於起步階段。也許在不久的將來，色彩不僅可以作裝飾，它還會作為一種「藥品」出現在我們的生活中。

重點
歸納

色彩鼓勵法

色彩療法來源於古印度的健康理論。不同的色彩具有不同的能量，這種能量被細胞吸收後影響全身，對人的心理健康產生影響。

白色可以有效的平靜患者的心情；紅色最具有生命力，能提高人的精神狀態，燃起病人希望；藍色能鎮靜精神；橙色和黃色可以激發能量，穩定情緒，提高患者戰勝病魔的信心。綠色是一種和諧的顏色，非常適合孕婦創造出平靜安寧的氣氛。

色彩萬花筒：色彩與減肥荷爾蒙

1994年，一批科學家在小白鼠身上發現了一種「減肥荷爾蒙」。這種荷爾蒙是由脂肪組織構成的，可以達到調節食慾和新陳代謝的作用。減肥荷爾蒙增加的時候，人的大腦會產生飽腹感，同時引起食慾下降。此外，減肥荷爾蒙還能夠抑制脂肪儲存，促進脂肪燃燒。如果人體內的「減肥荷爾蒙」大量減少，肥胖就會找上我們。不過，目前減肥荷爾蒙的作用原理還處於研究之中。

如果有一天科學家能夠徹底揭開減肥荷爾蒙的祕密，發現控制減肥荷爾蒙分泌的通路，也許色彩可以用來刺激這種荷爾蒙的分泌，讓減肥變成一件輕而易舉的事情。當然，利用降低食慾的色彩，如藍色、紫色等，與減肥荷爾蒙搭配使用，也可以讓減肥事半功倍。

Part **6**

無處不在的色彩
心理學

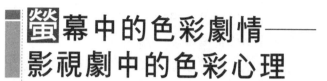

螢幕中的色彩劇情——
影視劇中的色彩心理

　　我們觀看影視劇的時候，思緒常常跟著故事情節起伏，甚至討論影視劇的時候也會說：「這部電影故事真感人」「這個電視劇情節不吸引人」等類似的字句。

　　事實上，一部影視劇的成功不光與情節有關，音效、插曲等也是必不可少的部分，色彩更是劇作家和導演用來推動劇情和表達自己思想的重要手段。下面透過一些具體作品來詳細分析一下影視劇中隱藏的色彩劇情。

　　紅色是太陽和火焰的顏色，象徵著溫暖、熱量，象徵著愛情、熱情和衝動。紅色給人的視覺感受熱烈而活躍。紅色是一種強有力的色彩，著名導演張藝謀就非常善於使用紅色。《紅高粱》中紅紅的高粱酒，《菊豆》中的紅染坊，《大紅燈籠高高掛》裡面的紅燈籠，甚至是《秋菊打官司》

裡面那些掛在牆上的紅辣椒，都象徵著主角的生命活力。

藍色象徵著寒冷，還包含著抑鬱和憂傷的成分。最能感受到藍色所包含的感情色彩的電影是法籍波蘭電影大師基耶斯洛夫斯基的「三色」電影之一的《藍色》。整個影片籠罩在憂鬱的藍色中，藍色泳池、藍色水晶燈，既營造了獨特的心理背景，又具有極強的藝術感染力。

張藝謀的《千里走單騎》中有大量展現天空的藍色，給人一種回歸本真的感覺，以此來反映親情的厚重深沉真是再合適不過。

《臥虎藏龍》是具有東方傳統色彩的武俠片，因此李安導演刻意營造出一種山水畫般的灰白畫面，把觀眾帶到中國水墨畫般的意境中，而白色又是古代文人追求精神淨化的象徵，所以整體的灰白畫面非常適合把觀眾引入故事中。

其實利用色彩講故事不僅是電影導演的基本功，也是電視導演必須掌握的技能之一。《戰火四千金》這部電視劇被譽為首部用「色」說話的情感諜戰劇。編劇安排了冷玉、青玉、墨玉、紅玉四個性格截然不同的妙齡少女，並用不同顏色的服飾來代表人物的性格和特色。冷玉是象徵權威、保守、務實的深藍色；青玉是象徵信心與希望的黃色；墨玉是象徵熱情、自信的紅色；紅玉是象徵純潔、善良、信任與開放的白色。

這些顏色不僅體現了姐妹四人的性格，也間接反映了四姐妹的觀念與信仰，透過色彩影響觀眾的心理，讓觀眾認

為每個角色的最終命運都符合各自的性格和觀念。

在不同的主題之下，導演和編劇通常會選擇不同的主色調來表現自己的思想，並引導觀眾產生情感共鳴。色彩，是影視劇中不可或缺的元素，它與引人入勝的故事情節一樣重要。

色彩心理學在電影中的應用

色彩是劇作家和導演用來推動劇情和表達自己思想的重要手段，同時色彩能夠為觀眾帶來新鮮的視覺體驗，為電影增添魅力。

導演會根據不同的主題選擇不同的色調來表現自己的思想，引導觀眾與自己產生情感共鳴，色調的選擇與色彩心理學有著密不可分的關係。

顏色小改動，犯罪率大下降
——犯罪與色彩心理

　　犯罪是由各種慾望得不到滿足、情緒不佳或者信仰危機等引起的違反法律的行為。不過，色彩與犯罪之間也有著千絲萬縷的聯繫，你一定想不到吧？

　　不合理地使用色彩可以刺激人們犯罪。比如我們常說的「紅燈區」，這個地方總是讓人感覺特別危險，這是為什麼呢？「紅燈區」這個詞首先出現在19世紀90年代的美國。那時候的妓女為了招徠生意，就會把紅色燈放在窗前。這些紅光被稱為「誘惑之光」，這是因為鮮艷的紅色能夠使成年男性的情緒感到興奮。此時再加上色情的圖畫和招牌，很容易引起男性情緒上的衝動，導致犯罪率增加。

　　這種地方的打架鬥毆事件也時有發生，也是紅色造成的。長時間處在紅色環境中，人們容易情緒激動，引發口角。

　　色彩可以刺激犯罪，自然而然也可以抑制犯罪。近些年來，利用色彩心理學來預防和抑制犯罪的嘗試得到了世界各國的關注。

　　日本大阪市有一條商業街，人來人往，熱鬧非凡。不過，人群複雜也帶來了一些負面影響，打架鬥毆和盜竊的犯罪率節節攀升。當地的警察局無奈之下請教了色彩專家，專家建議把當地的路燈改成藍色，試試效果。這一小小的改變卻帶來了很大的改變，不僅打架鬥毆少了，員警接到的入室盜竊和自行車失竊案也大大減少。這是怎麼回事呢？其實是僅僅是利用了一下藍色的色彩性質而已。

　　藍色是一種能夠讓人保持冷靜的顏色，可以穩定人的情緒，這樣大家的攻擊性情緒就會減少，打架鬥毆自然就少了。而藍色與白色有更強的視認性，也就是可以照得更遠，不利於偷盜者隱藏，因此盜竊案也大大減少了。

　　美國的加利福尼亞州則嘗試把一個監獄的牆壁從灰色變成了淡粉色，從那以後囚犯之間發生打架的次數大大減少。這是因為淡粉色可以放鬆人的情緒，減緩緊張感。不過，這種粉色一定要很淡，如果偏紅的話，就會讓人變得亢奮，會有反作用。

　　日本的一家監獄則把囚犯的衣服和被子換成了明快的顏色，監獄的面貌從此煥然一新。服刑者不再自暴自棄，而是積極改過自新，精神狀態也變得積極樂觀。

　　色彩不僅能夠影響罪犯的心理，普通人也可以透過色彩

的改變獲得完全不同的精神面貌。英國倫敦的菲里埃大橋剛剛建成的時候，經常有人從菲里埃大橋上面跳河自殺。這種現象給倫敦市民帶來了極大的恐慌，他們把這座大橋視為「不祥之物」，認為附近有幽靈遊蕩。

很多科學家試圖從各個角度研究這座大橋變為「自殺橋」的原因，其中有一位叫做普里森的醫學專家指出：自殺與橋身的黑色具有很大的關係，建議改變橋身顏色。大多數科學家都對普里森的觀點嗤之以鼻。

之後的三年裡，英國政府嘗試了很多方法來阻止人們從這裡跳河自殺，但都沒有取得成效。無奈之下，他們聽取了普里森的建議，把大橋橋身改成了藍色。結果，當年在這裡跳河自殺的人就減少了56.4%。

以上的例子證明了色彩可以透過影響人們的心理來減少犯罪，讓人們變得樂於接受改造，也會讓人們的心態變得積極向上，戰勝悲觀情緒。當然，也有部分顏色能夠刺激人們的情緒，激化犯罪，在犯罪高發區使用這些顏色時一定要謹慎。

色彩心理學與犯罪

　　有些顏色可以刺激犯罪，比如紅色，它可以刺激男性產生性慾望，也會讓人變得好鬥，所以紅燈區不僅是性犯罪的高發區，打架鬥毆也不少見。

　　有些顏色則可以減少犯罪，比如讓人變得冷靜的藍色可以讓人變得理智，減少人們的犯罪慾望；淡粉色則可以減少犯罪分子的牴觸情緒，讓他們積極接受改造。所以政府管理者應該讓犯罪高發區少一些容易產生刺激的顏色，多加些能夠讓人感到平和理智的顏色。

巧用顏色，救死扶傷效率高
——醫院中的色彩心理

　　在色彩心理學流行之前，醫院基本上都是以白色為基調，白色的牆壁、白色的制服等等。整天看著冰冷的白色，會讓病人感覺憂鬱不安，傷病恢復速度也很慢。現在很多醫院都瞭解了色彩的妙用，紛紛尋求變革，嘗試用色彩來提高救死扶傷的效率，讓色彩變為與死神作鬥爭的武器之一。

　　醫院開始嘗試用色彩來表明自己的經管理念和人文關懷，其中藍色和綠色是最受醫院管理者青睞的顏色。廣東有一家私人醫院選用藍色來彰顯自己的個性，不僅標識使用藍色，而且醫院內部的傢俱使用的也是在同一色相中層次不同的藍色，整體看起來既和諧統一，又富有變化，給患者帶來平和和值得信任的感覺。

　　醫院是救死扶傷、重獲健康的地方，因此不應該讓患者

感覺到壓抑，所以大面積使用白色是不合適的，最好選擇那些能夠在淡雅中體現出溫馨感覺的色彩。淺褐色、咖啡色會讓人感到醫院的典雅、沉靜、平和；而稍顯活躍的淺黃色則給人積極向上的感覺，這都是適合大面積使用的顏色。

另外，醫院還可以針對不同的患者群營造不同的色彩氛圍。比如婦產科可以用淺紫色、淺粉紅色來體現女性特點，營造溫馨柔和的女性就診環境；兒科可以使用代表孩子活潑性格的橙色為主色調，搭配紅、綠等其他調子，自然會減少孩子的抗拒感。

色彩除了可以安撫情緒，還是一種治療工具，因此色彩不能亂用。以藍色為例，我們都知道藍色具有調節神經和鎮靜安神的作用，藍色的燈光可以治療失眠、降低血壓和預防感冒，對肺病和腸胃疾病還有輔助治療的作用。

藍色在一般情況下對人體都是有益的，可是對收治精神病人的醫院來說，使用藍色必須要慎重，因為藍色能夠加重精神衰弱和憂鬱症的病情；這類醫院也要儘量避免大面積使用白色，因為孤獨症和憂鬱症患者不宜長時間處在白色環境中。

也許有人會提出，那各個科室都選用最適合自己科室的顏色不就好了嗎？這種想法也不盡然全對，因為醫院是一個嚴肅的場所，不適合使用過多的顏色，否則會給人混亂、不可信賴的感覺。整個醫院的色彩應該控制在5種之內，一個空間的顏色最好不要超過三種。

　　德國的「醫院色彩工程」是醫院利用色彩心理學的典範。我們以德國的夏里森醫院為例，門診大樓是藍色、綠色、黃色等色彩搭配的，其間點綴著小型盆景。腸胃科和心理科以黃色為主，外科多是藍色和綠色背景；婦產科的座椅和窗簾以紫色為主；兒科佈置了大面積的海洋、森林等自然色彩，各種卡通人物和動物也隨處可見。這只是德國「醫院色彩工程」的一個縮影。

　　德國衛生部還專門設立了「醫院健康色彩」部門，這個部門每兩年就會對全國的醫院進行考察，並讓患者對醫院的色彩打分，不合格的會被要求限時整改。

　　除了利用色彩心理學來平靜患者的心理，醫院還嘗試用色彩來提高搶救效率，比如用途不同的醫療用品標上不同的顏色，這樣可以大大提高醫院的工作效率。看來，利用色彩提高醫療效率的方法多種多樣，我們可以打開思維，想出更巧妙的「色彩方子」來改善醫患關係。

色彩心理學與醫療效果

　　目前，醫院已經拋棄了只用白色的裝修風格，嘗試用色彩來表達自己的經營理念，並讓患者在各式各樣的色彩中感受到醫療工作者的人文關懷。為了讓病人擺脫壓抑的心情，最好選擇那些淡雅中能夠體現溫馨的色彩。此外，色彩心理學在治療患者疾病方面具有一定的作用。

顏色也能說故事──
書籍中的色彩心理

　　色彩心理學的應用十分廣泛，看起來只與白紙黑字相關的書籍世界中，色彩也起著非常重要的作用。去書店和圖書館看書的時候，書架就像是一個五光十色的空間，那裡擺滿了各式各樣的書籍。

　　當徜徉在書的海洋中時，首先吸引我們目光的是封面的色彩。研究顯示，色彩是視覺效果中最引人注目的因素，它對人的影響要高於設計對人的影響。正是因為這個原因，所以有人說色彩是書籍的靈魂，是資訊的傳遞者，也是圖書吸引讀者的第一步。

　　書籍封面的色彩是讀者瞭解整個圖書內容的第一步，有時候，只要遠遠看到封面的顏色，我們就大致知道這本書所屬的門類。如果將書的標題和封面顏色結合起來，讀者

甚至能夠猜想出書籍的故事內容和結局。

封面並不只是書的外殼，還是與書中故事有著密切關係的一個獨立作品。所以，選擇易於傳遞資訊的顏色，是成功的封面設計的關鍵所在。

相同的封面設計，不同的色彩，人們會產生不同的美感情緒和心理反應，出現這種差別的原因是年齡、性別、種族等綜合原因造成的。

以幼童為讀者的書籍封面一般採用鮮艷亮麗彩度高的顏色來做封面，這是因為孩子們對色彩是非常敏感的，他們喜歡鮮艷的色彩，對彩度不是很高的顏色不感興趣。

而以女性為讀者的兩性關係書、愛情小說等則多採用粉紅色、米色等淺色封面，它能夠讓讀者聯想到圓滿的結局、甜蜜的戀愛場景或幸福的婚後生活，迎合了女性嚮往溫馨浪漫、追求安穩寧靜的心理。

以推理迷為對象的偵探小說則喜歡使用黑色來做封面，這是因為還沒翻開書本，黑色已經營造了一種神祕的氣氛，可以讓人對書中的推理謎題產生豐富的聯想，對故事中錯綜複雜的謎團和暗藏玄機的埋伏的情節產生期待……

下面讓我們做個實驗，嘗試著把這些封面的顏色調換一下。

如果兒童讀物改用黑色的封面，一個天真爛漫的孩子捧著一本黑色封面的書，人們一定會認為這個孩子是個心機很重的雙面人吧！從孩子的角度來說，單純而充滿好奇的

天性決定了他們不會對這樣的書感興趣。

　　那麼，把女性書改成花花綠綠的封面會是什麼樣的結果呢？這樣的封面會讓讀者感到十分幼稚，女性讀者會覺得書的內容不會有指導性的建議或者能夠帶來內心的寧靜，因此過於艷麗的色彩搭配不適合女性讀物。

　　而用淺色裝飾的推理小說的封面，還沒看內容，就會感覺書中的謎題過於簡單，根本提不起興趣……

　　另外，色彩的物理特性在封面設計上也能起達到很大的作用。我們前面講到色彩具有冷暖性質、前進和後退等性質，這些性質能夠讓人在生理上和心理上產生錯視的效果，這也為封面的色彩調節提供了依據。

　　要想使封面的圖像退遠，可以選擇冷色；要想看起來突出、引人注目，可選用前進性的紅、橙等顏色。紅、橙、黃等暖色會讓圖形顯得大，而藍、綠、紫等冷色會讓圖形顯得小一些。不過，選擇顏色時最重要的一點是封面的顏色一定要與書的內容相協調。

色彩心理學與封面設計

　　不同的色彩能夠讓人對書中的內容產生不同的期待。粉色給人甜蜜的感覺，適合愛情小說或者屬於女性的書籍；而黑色或者深藍色等深沉的顏色通常用於推理偵探小說；小孩子的書籍都是色彩斑斕的，很少使用暗沉的顏色。封面設計時最重要的原則就是封面的顏色一定要與書的內容協調一致。

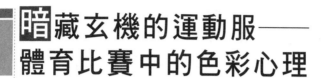

暗藏玄機的運動服——
體育比賽中的色彩心理

曾經有人說過，「色彩就是生命」，這是因為一個沒有色彩的世界就像暗沉的黑夜一樣讓人感到恐懼；不過對於體育運動來說，色彩還是贏得比賽的力量，這是因為色彩能夠透過視覺影響運動員的內心深處，造成不同的心理、生理變化。在需要團隊協作的運動中，比如足球和籃球等，隊員必須能夠在一瞬間辨認出隊友和對手，而色彩是最好的辨認方法。

研究顯示，人的視覺器官在觀察物體的時候，最初的20秒之內色彩感覺占80％，形體感覺占20％；2分鐘之後，色彩感覺占50％~60％；5分鐘之後各占一半，並且這種狀態持續保持。可見，色彩給人帶來的印象是迅速、持久而深刻的。因此，在需要團隊協作的運動中，兩個隊的運動服

顏色必須有一定的差別，而且差別要明顯易辨識。

不僅如此，運動服的顏色還必須體現各隊的形象。另外，由於世界上各種運動的團隊都很多，為了防止「撞衫」，每個球隊一般都有幾套不同顏色的備用運動服。

在足球比賽中，顏色的作用可不僅僅體現在辨認敵友這方面，對於提高球隊成績也有著神奇的作用。足球比賽中，守門員服裝的顏色與其他隊員不同，這是因為除了守門員，其他的運動員手臂不能觸球，守門員的服裝顏色與別人不同就是為了便於裁判裁定。

除此之外，守門員不同的服裝顏色還能夠對對手產生不同的作用。黑色的守門員服裝能夠對對手的心理產生威懾作用；屬於膨脹色和前進色的紅色運動服則會使體積看起來更大一點，這也會擾亂對方球員的思維。

英國達拉姆大學的研究人員曾經對拳擊運動員的服裝顏色進行了研究，發現穿紅色運動衣的運動員獲勝的機率明顯高於穿藍色運動衣的運動員。如果雙方實力相當，也是穿紅色運動衣的運動員更容易取勝。

科學家分析這可能是因為紅色是一種膨脹色，可以給對手造成壓迫感，迫使他喪失鬥志；同時紅色還是一種富有激情的顏色，能夠提高運動能力、增強競爭意識。

不僅運動服的色彩能夠影響比賽成績，比賽環境中的色彩也能夠影響成績。有人曾經對跨欄比賽中的欄架做過研究。他們把欄架黑白相間的顏色改塗成了黃色，結果運動

員在比賽中跑出了更好的成績。

　　還有人曾經對田徑運動的跑道做過研究，他們製作了幾種不同顏色的跑道，發現使用藍色的跑道會讓運動員的精神更集中，跑得更快。

　　不過，關於色彩對體育運動的影響，大部分還處於研究階段，尚未開始實施。不過這也說明了色彩心理學在體育比賽中有著廣闊的應用前景。

色彩心理學與體育比賽

　　色彩能夠透過視覺影響運動員的內心深處，造成不同的心理、生理變化。色彩可以使需要團隊合作的運動員快速辨認出哪些是隊友，哪些是對手。

　　另外，顏色還可以威懾對手，影響比賽成績。除了服裝顏色，環境中的顏色也能夠影響比賽。

大紅燈籠高高掛——
餐飲業中的色彩心理

在餐飲業中，色彩心理學同樣有著很廣泛的應用。在餐飲業中，共同的也是最基本的功能就是促進人們進食，而色彩可以達到很好的促進作用。

色彩可以透過兩方面來促進人們進食，一個是空間色調，一個是照明燈光的色溫。

在空間色調這方面，最好選用黃色、紅色和綠色，因為這樣的顏色配合食物的顏色可以啟動腸胃，也比較容易引起人們對曾經吃過的美食的回憶。

而紫色和藍色就要慎用，少量使用紫色和藍色是可取的，因為這兩種顏色可以透過心理補色效應使得餐盤中的食物顯得更加鮮艷美味；但是如果控制不好，一旦過量的話，就會使食物也映出偏藍紫色的顏色來，而藍紫色並不

會讓人們聯想到美味的食物，相反會讓人感覺到難以下嚥。試著想像一下你面前有一碗紫色或者藍色米飯的感受吧！

在照明燈光的色溫方面，餐廳的照明最好選擇暖色的白熾燈，儘量避免泛著青白光的螢光燈。這是因為暖色可以把食物的賣相映襯得更加好看，而螢光燈的青白色則會讓人的大腦和腸胃的運動速度減緩，這就大大地抑制了顧客的食慾，進而影響餐廳的經營狀況。

紅色能夠對支配內臟活動的自律神經中的交感神經產生刺激，使腸胃活動更活躍，因此是能夠最有效的增進食慾的色調。基於這一點，很多餐廳都喜歡選用紅色作為自己飯店的主色調。

古代的時候，飯店就已經喜歡使用紅燈籠作為自己的招牌，這不僅是因為紅色是代表喜慶吉祥的顏色，同時也用到了紅色增進食慾的作用。看來，我們的老祖宗都已經注意到了紅色的神奇作用。

另外，紅色的遠觀印象也十分醒目，也是最適合招牌廣告製作的顏色。掛有紅燈籠的店鋪讓饑腸轆轆的人在很遠的地方就能看到，並產生進食的慾望。

此外，食物講究色香味俱全，三者相輔相成，互相促進，而顏色也會對食物美味與否產生影響，這種影響與商家的銷售額有直接關係。

與紅色搭配最適合的就是其補色——綠色，在肉的下方墊上幾葉綠色的就是這個道理。肉的紅色與葉子的綠色一

同進入視線當中,能夠襯托出十分新鮮的色彩效果,這會使肉看上去更加美味。

咖啡廳的色彩搭配是餐飲業中的一個特例,它的特點是慢節奏。人們到咖啡廳是為了找個寧靜的空間來放鬆身心或者洽談業務。

針對這樣的特殊情況,咖啡廳的配色與其他的飯店配色有著很大的不同。冷色可以達到收縮血管的作用,抑制人的興奮情緒,使心理和生理都容易冷靜下來。在眾多的冷色中,藍色效果是最好的。

另外,咖啡廳的照明也要儘量避免暖色的燈光,因為人們在這樣的燈光下容易變得煩躁而不願久留。咖啡廳連鎖品牌星巴克的門店就是採用棕色和灰色作為主色調,局部的點綴也是冷色,燈光則是略略有些黃色的LED燈光,營造出的安靜閒適的氣氛吸引了一大批喜歡在這裡坐一整天的顧客。

瞭解了餐廳中的色彩心理學,大家就要學會根據自己的目的選擇不同氣氛的餐廳。如果是幾個朋友的聚會或是追求熱鬧的感覺,最適合的是以暖色調為主的餐廳;如果是想深入而平靜的談心,冷色調的餐廳是最佳的選擇。

餐廳中的色彩心理學

　　食物講究色香味俱全，「色」在餐廳中是不可缺少的。餐廳最喜歡用紅色來做招牌，是因為紅色能夠促進人的食慾，也能讓飢腸轆轆的人在很遠的地方就看到餐廳。餐廳的燈光最好選用讓食物看起來溫暖的白熾燈光，日光燈中的藍色會讓食物看起來不那麼吸引人。咖啡廳等特殊的餐廳則適合可以讓人冷靜的冷色系，能夠讓客人長時間待在裡面不煩躁。

先天的色彩偏好和後天的色彩偏好

　　曾經有人以孩子為對象，調查了他們對色彩的偏好。結果顯示歐洲孩子多數喜歡紅色和黃色，而以亞洲孩子為對象進行的同樣調查顯示，亞洲的孩子最喜歡黃色、白色和粉紅色。

　　兩相對比我們可以發現，紅色和黃色幾乎是世界各地兒童都喜歡的顏色。在成人的世界中，對色彩的偏好則各有特點，幾乎很難找到某一種顏色是世界上所有的成人都喜歡的顏色。同時，成人對色彩的偏好顯現出很強的地域性。以上的事實說明人們的色彩偏好是會變化的，後天因素對人的影響是很大的。

　　人類的視覺發展非常複雜。初生的嬰兒是個「大近視眼」，只看得到眼前二十公分左右的東西，而且還是個「大

色盲」，對色彩還沒有辦法感知和分辨。不過此時孩子視網膜中對物體明度比較敏感的柱狀細胞稍微成熟一點，所以初生嬰兒的世界，還只是個沒有對好焦的黑白世界。

不過孩子的視覺發展很迅速，在4~6個月的時候，孩子就能看清東西了，由於柱狀細胞與錐狀細胞的發展，他們已經能夠看清周圍的顏色。此時他們對紅、黃、綠、藍等純色比較敏感，對淡色和中間色則沒有太大的興趣。

一些研究顯示，三歲之前的孩子最喜歡紅色，而三歲以後，孩子的偏好就會擴展到紅、橙、黃、綠等色彩。這時候藍色相對孩子來說是沉重的，而從紅色到綠色之間的顏色會帶給孩子興奮、愉快的感覺，最受此階段的孩子喜愛。隨著孩子日漸長大，生活環境對他們的心理會產生更大的影響，此時他們所表現出來的色彩偏好則帶上了後天環境的烙印。

比如，在赤道附近的熱帶地區，人們的生活環境中充滿了太陽光帶來的紅色、橙色和黃色，所以居住在此地的人就偏愛明度和彩度都比較高的暖色；而生活在極圈之內的人，則喜歡藍色和藍紫色；在溫帶國家生活的人，偏愛中明度和中彩度的顏色，比如綠色。

另外，人們對色彩的偏好與當地的風土環境有著重要的聯繫。比如，在希臘和義大利的南部地區，房子的外牆多數被塗成白色，而在白色的映襯下，大海和天空的藍色顯得更加深沉翠綠，因此生活在這個地區的人們對藍色和白

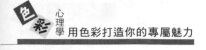

色有著特殊的偏愛。

不過，在某個地區受歡迎的顏色，在其他的地區會受到排斥。對顏色偏好的影響因素很多，而且人的喜好本身就是很複雜的，有時候甚至是毫無緣由的，瞭解了這一點，我們的心就會變得更加包容。

色彩偏好的形成

人類的視覺發展很複雜，三歲之前的孩子對紅、黃、綠、藍等純色比較敏感，對淡色和中間色則沒有太大的興趣。

三歲以後，孩子的偏好會擴展到紅、橙、黃、綠等色彩以及其他的中間色彩。可以說，世界各地的孩子對於色彩的偏好是沒有差別的。

隨著孩子日漸長大，生活的環境對他們的色彩心理產生了巨大的影響，此時他們所表現出來的色彩偏好則帶上了後天環境的烙印，這個環境包括地理環境和人文環境。

▌跟隨流行的色彩偏好

　　有的時候，我們會驚奇地發現好像街上的人們都穿上了深深淺淺的綠色衣服；有些時候，則會發現兩個關係很好的人總是穿著一樣顏色的衣服出現。其實，這也是一種常見的影響人們色彩偏好的因素——從眾心理，俗稱「跟隨流行」。

　　從心理學上來講，跟隨流行的心理就是想跟多數人採取相同行動的心理。在這個追求個性的世界中，人們為什麼會有從眾心理呢？首先，生活經驗告訴我們，個人所需要的大部分資訊都要從別人那裡獲得，而多數人似乎總是正確的。

　　其次，人們害怕脫離群體，每個人都希望群體喜歡他、接受他，這是一種生存策略，與大多數人保持一致往往使人感覺到安全。反過來，如果與群體的意見不一致，群體

可能會討厭甚至驅逐他。

比如在辦公室中，所有的人都穿著顏色深沉的西裝來上班，那麼幾乎不會有人穿著色彩鮮艷的衣服到辦公室亂晃。同理，如果自己所處的社會圈子追求流行，總是緊跟流行色，而你沒有跟他們保持一致，那麼你與這個圈子裡面的人似乎就少了共同點，可能會影響交流。

除了自己的社交圈子可能會影響色彩偏好之外，偶像的力量也是不可忽視的，偶像影響色彩偏好常見於青春期的孩子身上。此時的孩子正是「追星」最瘋狂的時間，他們往往會因為喜歡的明星而成為一個小團體，此時他們的人生觀世界觀還沒有完全建立，很容易受到偶像的影響。

比如，有些明星後援會擁有自己的會旗、圖示等，而這些會旗和圖示的顏色往往成為粉絲們最愛的顏色，他們希望能以此來顯示自己的「忠心」；或者當他們瞭解到偶像最喜歡的顏色之後，為了感覺到與偶像的親近感，他們也會愛上那種顏色。

在追星的小團體中，如果一個人沒有和集體保持一致，那麼他們很容易受到排擠。而十幾歲的孩子是最害怕孤獨的，因此即使那種顏色不是自己最喜歡的，他可能也會常常選擇那樣的顏色，這也是跟隨潮流的一種表現。

其實，文化傳統也是影響人們色彩偏好的一個重要因素。比如，在伊斯蘭教國家，人們都非常喜歡綠色，認為這是一種神聖的顏色。如果你曾經觀察過伊斯蘭教國家的

國旗，你會發現這些國旗上面基本上都使用了綠色。

再如，在中國，紅色是喜慶的顏色。新娘子穿的衣服是紅色的；為了表達對後輩的愛，長輩會把壓歲錢裝在紅包中。在有些國家中，紅色則與流血和戰爭聯繫在一起，是很不受歡迎的顏色。

從眾心理與色彩偏好

人們有時候會違背自己原有的意願去迎合別人的想法，這是為了讓自己與大多數人保持一致，以免被孤立。

同樣，從眾心理也會影響色彩偏好。這一點在處於青春期的孩子身上非常常見。他們會因為追星或其他原因形成小團體，為了保持在小團體中的位置，他們會與這個團體中的其他人保持一樣的色彩偏好。

實際上，文化傳統對人們色彩偏好的影響是從眾心理對色彩偏好影響的一個特例。

地域不同，禁色差別大

　　顏色跟其他事物一樣，有人喜歡，就必然有人討厭。當某個國家和地區的人們對某一種顏色都持厭惡態度的時候，我們就說這種顏色是這個區域的禁色。

　　墨西哥人去世之後，棺木的外觀通常是紫色的，因此這個地區的人們認為紫色是不吉利的顏色，是當地的禁色。當你需要向墨西哥人送禮物的時候，記住千萬不要送紫色的物品或者用紫色包裝紙包裝的禮品。如果去做客，也不要穿紫色的衣服前去。在墨西哥，黃色和紅色也是不受歡迎的顏色，黃色表示死亡，紅色表示詛咒。

　　同樣以紫色為禁色的還有巴西，巴西人認為紫色表示悲傷。另外，他們認為人死就好像黃色樹葉落下，所以忌諱棕黃色。棕色對他們來說是凶喪之色，黃色表示絕望，而深咖啡色則會招致不幸。曾經有日本公司向巴西出口鐘錶，

可是在鐘錶盒上配有紫色的飾帶，就因為這小小的細節沒有處理好，這個產品在巴西銷量很差。

歐洲的愛爾蘭共和國最喜歡綠色，但是很忌諱英國國旗的紅、白、藍三色組合。愛爾蘭島目前被分為愛爾蘭共和國和北愛爾蘭，其中北愛爾蘭是英國的組成部分，而愛爾蘭共和國則於1922年脫離了英國的殖民統治，成為一個獨立的國家。他們認為作為英國的殖民地是國家的恥辱，因此不喜歡英國國旗的紅、白、藍組合。

愛爾蘭共和國的國旗是由綠、白、橙三個相等的長方形構成。綠色代表信仰天主教的人口，橙色代表新教派，白色象徵希望，希望「綠」和「橙」之間永遠休戰，兩教教徒能夠像兄弟般團結。

亞洲國家普遍對黑、白、灰等顏色沒有好感。中國人以黃色、紫色等為貴色，這些顏色一度是皇室的專用色，民間百姓不得使用。民間則以綠色、青色等為賤色，元、明、清的時候只有娼妓、優伶等從事「賤業」的人才使用這樣的顏色。而黑白兩色都與喪葬有關，所以一般人忌諱穿著，尤其是在婚嫁、生育、過年、過節等喜慶日子裡更是忌諱。

在日本，黑色同樣被用於喪事，因此不受歡迎。而白色在日本是純真和潔白的代表，神官和僧侶經常穿白色衣服，給人帶來潔淨感，所以白色在日本並不屬於禁色。

在蒙古國，黑色是不幸和災禍的象徵，所以蒙古人不穿黑色衣服。蒙古人最喜歡的顏色是紅色，它象徵著親熱、

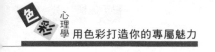

幸福和勝利。在馬來西亞，除了厭惡消極的黑色，他們一般也不穿黃色衣服，因為黃色在馬拉西亞象徵著死亡。

生活在非洲的埃及人喜歡綠色和白色，忌諱黑色、藍色和紫色；而埃塞俄比亞人喜歡鮮艷明亮的顏色，忌諱黑色和淡黃色。也許有人會問，他們為什麼會討厭像淡黃色這麼漂亮的顏色呢？其實這也與他們的傳統文化有關，因為淡黃色是埃塞俄比亞人哀悼死者時候的服裝專用色。如果去別人家做客也穿著淡黃色衣服，那麼主人家就會覺得很不吉利。

各個民族都有自己的文化，相應也有自己喜歡的顏色和禁忌的顏色，我們要在認同本民族文化的同時，給予其他民族的文化應有的尊重。

各國的禁忌色

每個民族都有自己的文化和傳統，同樣他們也有自己喜歡的顏色和討厭的顏色。一般說來，與死亡相關的顏色以及與本國的屈辱史相關的顏色都屬於禁忌色。比如中南美洲國家不喜歡紫色，亞洲國家對黑、白、灰普遍沒有好感等等。

各個國家和民族都有自己的習俗和傳統，我們要在認同本民族文化的同時，尊重其他國家的文化。

色彩萬花筒：向自然學習色彩的畫家們

　　著名畫家莫內畫了一幅畫，起名《日出·印象》，這是他在倫敦的威斯敏斯特教堂前完成的寫生油畫。雖然這幅畫給人帶來一種朦朧的美感，但是在展出的時候還是出現了很大的爭議，因為這幅畫中所展現的倫敦的霧氣被畫成了紫紅色。人們紛紛指責莫內為了出名不惜愚弄觀眾。可是當這些觀眾走出大廳的時候都愣住了，他們意外地發現倫敦上空的霧真的是紫紅色的。莫內透過對自然界的仔細觀察，研究了光和色彩之間的微妙變化，不僅創作了名畫《日出·印象》，而且開創了畫壇的一個流派──印象派。

　　繪畫藝術的靈魂就在於用圖案來喚起觀眾的情感共鳴，而色彩是一件繪畫作品的生命力所在，因此幾乎每個畫家都是利用色彩來影響觀眾心理的高手。對畫家來說，要深

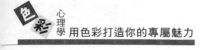

切體會色彩與繪畫及心理的關係，必須從觀察入手，獲得種種直觀的經驗，而自然界正是這樣一個訓練色彩觀察力的好地方。畫家們透過對色彩的理性分析，包括對色相、明度、彩度的分析，而後進行精神方面的創作，使這些色彩能夠體現自己的思想和情調。

除了印象派的畫家注重向自然學習之外，其他各個流派的畫家也都很重視對自然的觀察，我們的國畫也不例外。雖然國畫講究寫意，但並不代表不重視實物的色彩，國畫大師尤其注意對色彩明度的觀察。

一度流行於法國的自然主義畫家對自然的感情更加深厚，他們追求的是貼近自然而不抄襲自然。自然主義畫家讓‧巴蒂斯特‧卡米耶‧柯羅以風景畫見長，描繪的大部分是色調柔和的清晨或者傍晚，筆下風景不施誇張顏色，不加艷麗色彩，既貼近風景的原有色彩，又表現出了猶如夢境的寂謐之感。

▶ 色彩心理學：用色彩打造你的專屬魅力　（讀品讀者回函卡）

■ 謝謝您購買這本書，請詳細填寫本卡各欄後寄回，我們每月將抽選一百名回函讀者寄出精美禮物，並享有生日當月購書優惠！
想知道更多更即時的消息，請搜尋 "永續圖書粉絲團"

■ 您也可以使用傳真或是掃描圖檔寄回公司信箱，謝謝。
傳真電話：（02）8647-3660　　信箱：yungjiuh@ms45.hinet.net

◆ 姓名：＿＿＿＿＿＿＿＿＿＿　□男 □女　　□單身 □已婚

◆ 生日：＿＿＿＿＿＿＿＿＿＿　□非會員　　　□已是會員

◆ E-mail：＿＿＿＿＿＿＿＿＿＿　電話：（　）＿＿＿＿＿

◆ 地址：＿＿＿＿＿＿＿＿＿＿＿＿＿＿＿＿＿＿＿

◆ 學歷：□高中以下　□專科或大學　□研究所以上 □其他＿＿＿

◆ 職業：□學生　□資訊　□製造　□行銷　□服務 □金融
　　　　□傳播　□公教　□軍警　□自由　□家管 □其他＿＿＿

◆ 閱讀嗜好：□兩性　□心理　□勵志　□傳記　□文學　□健康
　　　　　　□財經　□企管　□行銷　□休閒　□小說　□其他

◆ 您平均一年購書：□5本以下 □6～10本　□11～20本
　　　　　　　　□21～30本以下　□30本以上

◆ 購買此書的金額：＿＿＿＿＿＿＿

◆ 購自：□連鎖書店　□一般書局　□量販店　□超商　□書展
　　　　□郵購　　　□網路訂購　□其他

◆ 您購買此書的原因：□書名　□作者　□內容　□封面
　　　　　　　　　　□版面設計　□其他

◆ 建議改進：□內容　□封面　□版面設計　□其他＿＿＿＿
　　您的建議：

讀好書品嚐人生的美味

色彩心理學：用色彩打造你的專屬魅力